低成就學生的教與學

數學課室中的理念與實踐

袁　媛　林素微　主編

呂文惠　龔心怡　李靜儀　林素微　吳慧敏

林原宏　羅廷瑛　謝佳叡　陳嘉皇　白雲霞

袁　媛　曾建銘　合著

五南圖書出版公司 印行

推薦序

　　國小數學課室的學生人數從早年的 5、60 人，已降到現在的 2、30
人，甚至還有 10 幾人的班級，而且國中的班級人數也有減少；但是在
班級中，後三分之一學習較緩慢或落後的低成就學生仍然存在，他們不
一定是特殊學生，但有學習上的問題。雖然教育部有學習輔助計畫在
協助，但是授課教師仍須對補救教學有所增能；而且到位的形成性評量
能促進學生學習，它有兩大狀況須掌握，其一是要確實了解每位學生的
評量結果，其二是教師必須對學生錯誤、正確、優良的表現能即時回
應。尤其學生從評量題，而非教學題產生的錯誤例子，這正是數學課中
非常重要的元素，教師可針對學生數學概念有迷思或錯誤之處，提出修
補、澄清或穩固。很多教師發現學生數學學習有狀況，總以為只要再教
一次就好，殊不知學生不理解或聽不懂，再聽一次還是一樣；或者有些
教師以為學生練習不夠，多做一點就可熟能生巧，但機械式練習對學生
的理解幫助不大。所以，國中、國小數學課中的即時補救，或資源班的
補救教學、學習扶助的課後補救等，教師們面對低成就學生的教學和學
習，應有一些正確的態度和觀念。

　　科技部申請數學教育領域計畫補助的學者們，近二年由複審委員
袁媛、林素微教授，組織了補救教學特別興趣小組（special interest
group），簡稱補救教學 SIG 小組，每一、二個月定期聚會，將個人對
低成就學生教與學研究相關的初步成果，進行分享和討論、彼此觀摩
和砥礪。現在該小組的 12 位成員，分別寫了 11 篇研究成果，彙集成
《低成就學生的教與學：數學課室中的理念與實踐》專書。這本專書
的 11 章，包括了情意、認知、教學、教具和評量等等面向，可以提供
關心低成就學生學習的教師們參考。我很榮幸被邀請撰寫推薦序，基於
已是數學教育界的資深老兵，深感學者應將有理論、有實務的研究成果
推廣，也就樂於為之寫序而沒有推辭；在此，誠摯的期盼這本低成就學

生有關的教與學專書，能與大家共享！讓我們共同來提升數學教學的
成效！

國立臺北教育大學退休教授

鍾靜

2022 年 3 月 31 日

主編序

　　從美國聯邦立法院於 2002 年元月 8 日簽署「沒有落後的孩子」（No Child Left Behind, NCLB）法案後，NCLB 這樣的概念一直是各國教育系統中相當重視的一環。臺灣的數學教育，也針對低成就學生表現提升這個議題，持續投入多年的努力，這個努力可以從官方的教育資源、坊間出版的書籍或者學術論文中看到。然而，由於教育投資的好處只能在未來看到，教育成效往往不是立竿即能見影。儘管許多國家都表示致力於提高教育質量，但教育往往在政策的討論議題上被忽略，因此可能會低估教育改進的價值和重要性。

　　經濟合作暨發展組織（Organisation for Economic Cooperation and Development, OECD）在 2010 年出版了一本報告《*The High Cost of Low Educational Performance: The Long-Run Economic Impact of Improving PISA Outcomes*》，該報告運用了新近的經濟模型，嘗試將各國學生的認知表現（包含 PISA、TIMSS、PIRLS 等國際評比）和經濟成長進行關聯探討，其結果顯示，一個國家在這些教育表現的改善可能會對未來的社會福祉產生非常大的影響。在這個報告中，進行了三個模擬研究：首先，探討如果每個 OECD 國家在未來 20 年內 PISA 平均分數提高了 25 分（註：PISA 量尺建立時是以平均數為 500，標準差為 100 來設定），那麼對於這些國家而言，直到 2090 年平均 GDP 可以增加 115 萬億美元；而倘若 OECD 國家的平均表現可以和高表現水準的芬蘭有同樣的教育表現，那麼將會增加 260 萬億美元；最後，如果各國的低成就學生可以達到 OECD 所界定的最低精熟水準（也就是 400 分），將會為國家帶來 200 萬億美元的增益效應。可見，僅改善這群低成就學生的表現，就有相當驚人的經濟效益。

　　感謝科技部人文社會司數學教育學門的支持，補救教學 SIG 得以成立並持續運作。在這個 SIG 群體中，強調教育的積極功能、促進低

成就學生的數學學習為主要目的，希望補救教學研究與實務的精進得以促進學校與社會的進步。本書的成形也在這個討論氛圍下應運而生。我們企圖以教材外的面向來針對數學低成就學生的學習議題進行多元而深入的分析。全書共有11章：第一章至第三章比較偏向情意層面的探討，分別由呂文惠教授針對低成就學生的數學學業情緒與輔導策略進行分析與探討；龔心怡教授、李靜儀助理研究員針對情意層面探究國中數學低成就學生的教與學；第三章則由林素微教授針對低成就學生數學主觀規範與數學學習的關聯進行探討。第四章和第五章則是從認知的角度出發，吳慧敏副教授從認知負荷理論探討數學低成就學生的教與學；而林原宏教授則是探討低成就學生的數學後設認知與學習表現。第六章至第十章則著重於教學應用，分別是由羅廷瑛副教授針對部落小學原住民學童的數學學習特性與困難進行探討，並依學生特性提出可行的補救教學模組；第七章是由謝佳叡助理教授以遊戲融入低成就學生的數學學習為切入點，探討數學奠基活動作為學習進路的實踐與成效；第八章是由陳嘉皇教授探討如何透過基模導向教學應用促進低成就學生數學文字題學習；第九章是由白雲霞副教授討論如何透過差異化教學策略來促進國小數學低成就學生學習；第十章則是由袁媛教授探討虛擬教具資源在低成就學生之數學教學運用及實例分享。而本書最後的一個部分，則由曾建銘副研究員從低成就學生評量工具之建構與試題分析，來提供教育研究與實務對於補救教學成效議題關心的工具發展及量尺化議題分享。各篇文章均經雙重審查修訂後，再予編輯出版，精彩可期。

感謝各篇作者投入主題研究，慨允分享研究心得。同時，也感謝莊淑芬助理對於本書初稿編輯的種種協助。最後，感謝五南圖書出版公司協助本書的出版，五南圖書出版公司長期支持教育學術與實務發展的出版與傳播，為關心臺灣教育的讀者創造許許多多美好的閱讀體驗，非常令人感佩。

本書的出版，相信有助於學術與實務界對於數學低成就學生的學習議題能有進一步的掌握，並有助於大家共同激盪並構思可行的策略。這

是補救教學 SIG 作者群的一小步,希望略盡一份棉薄心力,邀您一起來關注並參與提升低成就學生學習的重要教育工程,為落實教育機會均等的信念及實踐社會正義而努力。

袁媛
林素微
2022 年 2 月

目 錄

第一章
低成就學生的數學學業情緒與輔導策略

呂文惠

靜宜大學教育研究所暨師資培育中心教授

　　數學教育的目標除了培養學生良好的數學能力，更注重學生對數學的情意感受，包括學生的數學學習動機與態度。因此，我國十二年國教數學學習領域課綱中課程目標的第一點即強調要培育學生探索數學的信心與正向態度。而數學領域核心素養 A1 開宗明義即強調學生要能堅持不懈地探索與解決數學問題。研究發現，隨著年級增加，數學學習態度與數學學習成就間的關係亦隨之增加，尤其在 11-13 歲期間；然而，學生對數學的態度卻隨著年級增加而更趨於負面（Ma & Kishor, 1997）。2015 年的國際數學與科學教育成就趨勢調查（Trends in International Mathematics and Science Study, TIMSS）發現我國小四年級學生喜歡數學的比例只有 23%，而八年級學生則降至 11%。與同樣數學成績同樣排名在前 5 名的亞洲國家相比，臺灣學生對數學的喜好最低（張俊彥等人，2018）。喜歡數學與否是學生對數學的情感反應，而個體對特定事件的情感反應會影響其態度（Weiss & Cropanzano, 1996）。張俊彥等人的結果顯示我國學生對數學的正向情感反應在 10-14 歲期間明顯地下降，而這段期間正是數學學習態度最能解釋數學學習成就的時期。如何提升學生數學情感反應進而提升其態度遂成重要議題。

　　要提升學生數學學習的正向態度應先考量影響其數學學習態度的因素為何。情緒是引發態度的重要前因之一。學習事件與學習情境特色會引發學習者的情緒反應，而情緒引發其態度反應，進而影響其行為意向（Weiss & Cropanzano, 1996）。因此，本文將探討低成就學生的數學學業情緒以及引發其負面學業情緒的可能原因，並根據影響學生學業情緒的因素提出有助於教師改善低成就學生數學學業情緒之輔導策略。

壹、何謂學業情緒

　　情緒是指個人面對特定事件時的情感反應，可區分為正向（如快樂、放鬆）及負向（如焦慮、憤怒、無聊）二大類。正向及負向的情緒都有不同的強度，可能會直接或間接影響個人的行為。是以，學業情緒

指學生在面對學習相關活動時所引發的情緒反應。

一、學業情緒的內涵

學業情緒可以從正面或負面，以及激發狀態（強烈或平緩）兩個向度來分類。Pekrun 等人（2007）根據上述兩個向度找出正向的學業情緒有樂在其中（enjoyment）、放鬆（relief）、希望（hope）、引以為榮（pride）及感恩（gratitude）；而負向的學業情緒則包括絕望（hopelessness）、焦慮（anxiety）、悲傷（sadness）、羞愧（shame）、憤怒（anger）與無聊（boredom）等11種常見的學業情緒。個體自評成功的可能性以及成功的價值可能激發其在從事學習任務時不同的情緒，而其對學習的預期與成果之間的落差也可能引發不同的情緒。例如：當學生預期會失敗，而成功的價值很高時，他在學習中可能會覺得焦慮；但若最後成功了，他可能會覺得感恩。其中，樂在其中、引以為榮、憤怒、焦慮、羞愧、絕望與無聊等 7 項是學生在面對數學學習任務時較常見的學業情緒（Pekrunet al., 2011）。

二、從控制—價值理論談學業情緒

學業情緒可能會影響學生的學習行為與學習成就。Pekrun 等人（2007）提出學業情緒的控制—價值理論（control-value theory of achievement emotions），指出學業情緒會受到個人對學習任務評價（appraisal）的影響。評價是指個體對學習任務成敗的預期與成敗價值的評估，預期與價值評估共同交互作用，決定個體從事各項學習相關活動時的情緒反應。因此，對於學習任務的評價是學業情緒的前因。個體對於任務成功或失敗歸因的傾向是評價過程重要的一環。學生學習時情緒受到其對學習任務評價的影響，進而影響學習行為。而學生對於學習任務的評價則受到學習環境及過去學習經驗的影響。環境、學習任務的評價、情緒反應以及學習行為與學業成就間的關係如圖 1-1 所示。

圖 1-1
環境、學習任務的評價、情緒以及學習與學業成就間的關係

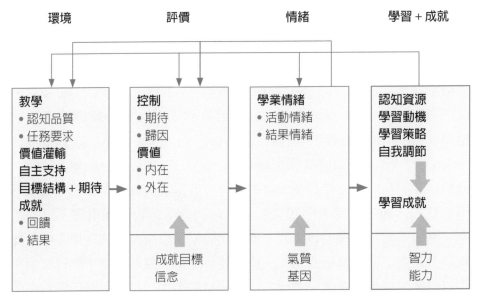

資料來源：Pekrun R. et al. (2007). The control-value theory of achievement emotions: An integrative approach to emotions. In Shutz & Pekrun (eds.), *Emotion in Education* (p.17). Academic Press.

　　控制－價值理論將學業情緒的引發與其運作分為 4 個主要成分，分別是環境、評價、情緒以及學習與成就。其中「評價」是學業情緒的直接前因，而「環境」則是引發評價的前因，學業情緒的後果則是「學習與成就」。面對學習環境與學習任務，個體會先評價這個任務。評價包括自己能否控制成功或失敗（可控性），以及成敗對自己有何價值（價值）。可控性的評價包括對成功及失敗的預期，以及對成功及失敗的歸因。而價值的判斷則包括價值的高低，以及成功的價值是內在（成功是為了自己的學習）或外在（成功是為了讓別人讚許）。可控性與價值的判斷交互作用，引發了不同情緒，包括從事學習活動的情緒以及對活動結果的情緒。例如：當學生自評有很大成功的機會（可控性高），而且成功有很高的價值評價（高價值）時，如果失敗，可能會引發憤怒的情

緒；而如果成功的價值評價不高（低價值）時，學習者在學習的過程中可能比較會感到無聊，也不在意成敗（Pekrun et al., 2007）。而由於學生在不同學科可能會感受到不同的可控性，也對不同學科的成敗有不同價值判斷，因此，學業情緒會因學科領域而異。從圖 1-1 可以發現，這並不是一個單向的直線過程，而是一個循環歷程。個體的情緒與學習成就可能會回饋影響其「環境」與「評價」兩個元素。

學業情緒會影響學生面對學習任務時相關認知資源的有效分配、學習動機的引發、學習策略的運用以及自我調節學習，進而影響學生的學習成就。正向的學業情緒會讓學生更能專注於重要的學習訊息，將認知資源分配在重要的學習訊息上，增加學生的學習動機，採用較有彈性的學習策略，並且自我調節學習，而有較佳的學習成就。張映芬與程炳林（2017）發現，國中生對數學的正向學業情緒可預測其正向的動機涉入，如遇到困難時較願意堅持或尋求協助。而負向的數學學業情緒則可預測學生不適應的動機涉入，如自我設限或逃避生疏等行為傾向。由於學業情緒與學生的動機涉入有關，因此也可預測其學習成就。Pekrun 等人（2017）經過長期追蹤調查研究，發現數學學業成就可以預測學生的數學學業情緒，而數學學業情緒也可以預測學生以後的數學學業成就。其中，正向學業情緒與數學學業成就呈正相關，而負向學業情緒則呈負相關。

貳、低成就學生的數學學業情緒及其成因

學生的學習成就與其正向或負向的學業情緒有關。數學學習成就不同的學生表現出不同的學業情緒，Pekrun 等人（2017）的研究發現，學生的正向數學學業情緒特質（如樂在其中與引以為榮）與其數學學習成就有正相關，而負向情緒特質（如憤怒、焦慮、羞愧、絕望與無聊）則與數學成就有負相關。本節將探討數學低成就學生常見的數學學業情緒與其成因。

一、低成就學生的數學學業情緒

　　普遍而言，數學低成就的學生面對數學學習任務時，較可能表現出憤怒、焦慮、羞愧、絕望與無聊等負面情緒（Pekrun et al., 2017）。面對不同的數學學習情境，即使是數學低成就學生也可能會有不同的學業情緒。從圖 1-1，我們可以發現對任務的評價是引發學業情緒的重要前因。教師提供的數學任務難度會影響學生對自己成功或失敗的預期，進而影響學生的數學學業情緒。當面臨自己有能力掌控的數學任務時，學生較可能會表現出愉悅的情緒。

　　筆者在訪談參加數學科學習扶助計畫的國中生時發現，如果教師能提供較符合學生程度的數學教材，增加其成功機會時，學生大多表達會對此課程「樂在其中」的情緒，願意繼續參加，並且想推薦其他與其學習成就相仿的同儕參加。但是對一般課堂的數學課，卻常表示無助，對自己的數學能力感到羞愧感，而對未來會面臨的教育會考表示絕望或焦慮。從上述資料來看，因為學習扶助班與一般課室的教師提供不同難度的數學教材，學生覺察的可控性不同，因而引發數學低成就學生不同的學業情緒。

　　不同的情境下，影響數學學習成就的學業情緒可能不同。Peixoto 等人（2017）發現在測驗的情境中，憤怒及絕望的情緒與數學學習成就有關；而在教室情境中，只有絕望的情緒與數學學習成就有關。Maloney 等人（2013）則在回顧多篇文獻後，指出數學焦慮是與數學學習成就及數學學習行為息息相關的學業情緒，也與學生對數學的負面態度有關；高數學焦慮的學生較會認為學習數學無用、較沒有動機練習數學題目、避免選擇數學相關課程或學系、不會從事須用到數學的工作。筆者曾要求修習國民小學數學學習領域教材教法的師資生在第一次上課時寫下自己對數學的想法，19 位學生有 11 位表示焦慮或害怕無助的情緒。其中大多表示是國、高中後，因為數學內容愈來愈抽象，擔心自己表現不佳而受到教師責罰，逐漸開始「怕」數學，也因此避免選擇

與數學相關的學系。其次,這些學生大多認為自己數學能力不佳,無法掌控自己的成功或失敗。以最近一次與數學有關的考試為例,他們大多自評成績如其考前預期般地不理想,因為自己本來就沒能力學習數學。少數學生表示考試成績出乎其意料之外的高,推測可能因為自己運氣好或題目較簡單。面對日後教師資格考試數學科測驗,筆者 19 位學生中有 18 位表示十分焦慮,其中 7 位學生甚至表示其非常害怕、無助與焦慮。

二、引發數學低成就學生負面學業情緒的因素

如果要改變一個人對特定事物的情緒反應,則需要了解引發其情緒的前因。根據學業情緒控制—價值理論(Pekrun et al., 2007),學業情緒的前因是個人對任務的評價,包括對於成敗的預期、成敗的歸因以及完成該任務的價值判斷。而影響個體對數學學習任務評價的前因則是數學學習環境。

(一)個體對數學學習任務的評價

數學低成就學生通常因長期的學習失敗經驗,較不可能認為自己成功,面對數學也較可能會有負面情緒。一般發現對數學學業成功或失敗可控性的判斷與焦慮的情緒較有關。Van der Beek 等人(2017)調查 1,014 名荷蘭九年級的學生數學學習成就、數學學業情緒以及數學自我概念,結果發現學生已有的數學學習成就影響其數學自我概念,而數學自我概念與數學學業情緒中的樂在其中呈正相關,與焦慮則呈負相關。在 Van der Beek 等人的研究中,數學概念是指學生對自己數學能力的評估,比較接近學業情緒控制—價值理論中所指的對任務成功的預期。也就是說對自己數學能力評估愈低,認為自己較不可能成功的學生,較容易有數學焦慮的情緒。Boehme 等人(2017)也發現,當個人主觀判斷對數學學習成就的可控性很低時,數學學習價值的判斷與焦慮有很高的相關。

　　低成就的學生大多認為其能力是固定的，一旦沒有成功解決問題，則代表其能力不足（Dweck, 2007）。由於長期累積數學學習失敗的經驗，低成就學生往往覺得自己沒有數學能力，也不可能增進此能力。低成就學生自陳當教師要求其回答問題時，會因為要在數學課室的同儕面前表現出自己能力不足而覺得無助，並擔憂可能在公開場合讓別人發現自己無能力而丟臉（Maloney et al., 2013）。

　　除了因長期失敗，而認為自己無法控制數學學業成敗外；低成就的學生也可能認為數學學業成功的價值低，而有消極的負面學業情緒。Peixoto 等人（2017）發現在教室情境中，學生對數學的評價與其負向消極的情緒（無聊及絕望）有關；然在考試的情境中，對數學的評價與負向消極情緒無關，但與正向積極的情緒（樂在其中與引以為榮）高度相關。此外，在不同情境中，能力及價值的評價與情緒間的相關不同。在教室情境中，價值與無聊的情緒相關最高，愈是不認同數學學業價值的學生，愈覺得數學課很無聊。而能力的評價則是與焦慮及無助的情緒最有關。Sánchez-Rosas 與 Esquivel（2016）發現，學生對學業價值的評價以及學業自我效能感（可控性）會影響個人上課中無聊的情緒，進而影響其上課的專注度。從這些研究可以發現，個體對於自己能力的評價（可控性）與學業價值的評價可能會引發不同的成就情緒，進而影響個人的學習成就。

（二）教師所提供的數學學習環境

　　自評可控性低或認為數學學業成功的價值低，是造成數學低成就學生負面數學學業情緒的主要前因，而個人對數學學業評價則受當時的學習環境影響。如圖 1-1 所示，學習環境包括教師的教學過程、價值灌輸、自主支持、目標結構、學生本身對學業的期待與既有成就（Pekrun et al., 2007）。其中，教師教學過程包括認知品質（教師是否注重學生能否理解學習材料），以及教師對學習任務的要求。價值灌輸則是指教師有意或無意間所傳遞的學習及成功的價值。教師的教學方式是否支持

學生自主學習，其所提供學生的學習任務之目標結構爲何，這些都是與教師的教學方式與課程設計有關。此外，教師所提供的任務是否符合學生過去的學習成就，引發其對成功的期待，也是重要因素。

教師的教材安排與教學過程，是影響學生對自己能否控制學業成功的重要因素。呂文惠（2020）發現參加補救教學的數學低成就學生，在補救教學班比在原班數學課有較高的數學自我效能感（可控性），因爲補救教學班的教師較會根據學生程度提供適當難度的教材。另外，如果補救教學班的教師能夠引導學生對自己成功的期待，則學生較有可能將數學補救教學班的自我效能感遷移至一般數學課室，也對於日後的國中教育會考會有較高的自我效能感。因此，教師可以從課程規劃及教材選擇著手，提升學生對數學可控性及學業價值的評估，以增加其正向的數學學業情緒。

除了教師的課程規劃與教學方式外，教師本身對數學的教學情緒亦會影響學生對數學的學業情緒及學業行爲。張映芬與程炳林（2017）發現，國中生所覺察的教師負向的教學情緒可解釋學生負向的學業情緒，而負向的學業情緒可以預測學生逃避數學或自我設限等負面的動機涉入。Beilock 等人（2010）則是由教師自評本身的數學焦慮，並同時調查不同數學焦慮程度的教師教導 2 年後學生的數學刻板印象。他們發現高數學焦慮的國小低年級女教師會強化女學生對數學的刻板印象（如男生的數學能力比較好，而女生天生數學能力較弱），而持這些刻板印象的女學生往往數學成就較低，這個現象被稱爲負面刻板印象威脅（stereotype threat）。雖然 Beilock 等人並未測量學生的數學焦慮，但在隨後的研究中，Lyons 與 Beilock（2012）發現數學焦慮與數學刻板印象威脅激發腦部相同部位，增加短期記憶負荷，降低學生的數學表現。因此，數學負面刻板印象威脅與數學焦慮有關，而高數學焦慮的教師可能會增加學生，尤其是女學生的負面數學刻板印象威脅，使其覺得自己對數學學業的可控性低，因而增加其數學焦慮（Maloney et al., 2013）。

參、學生數學學業情緒的輔導

　　影響學生數學學業情緒的前因是學生對數學的評價，而學習環境則會影響學生對數學的評價。Pekrun 等人（2007）主張針對圖 1-1 不同的元素，教師可以透過不同的教學與輔導策略，改善學生的學業情緒。針對環境元素，教師可以強化學習的設計與學業情境。針對評價元素，則可以進行評價取向的認知調節與處理；情緒元素則是強調情緒取向的調節與處理；學習與成就元素則宜著重學習能力訓練以及問題取向調節。故本節將探討教師如何規劃數學學習環境以提升學生對數學的可控性與價值的評估，以及輔導低成就學生調節其對數學學習的評價與數學學習情緒的策略。

一、規劃數學學習環境以提升學生對數學可控性與價值的評估

　　要提供學生良好的學習環境，教師的教學要能兼顧學生學習的認知品質以及學習任務的要求。此外，教師要透過各種活動灌輸學生數學學習的價值，強調學生主動學習，為學生設計結構化的學習目標，引發學生過去的成功經驗，增加學生對自己成功的期待（Pekrun et al., 2007）。以下將從應強調學生學習主體性、引發學生好奇心、提高學生成功經驗，以及強化學生基礎運算能力等四個方向探討數學學習環境之規劃。

（一）課程應強調學生學習主體性

　　強調學生學習主體性可以讓學生覺得數學有用，提供學生較佳認知品質的數學學習經驗。一般研究發現，讓學生主動解決問題的教學法比傳統講授式教學法更能提升學生學習的主體性。Boaler（2002）長期追蹤二所數學科實施不同教學方式的高中，透過質性訪談及三年後學生在英國第二階段教育會考（General Certificate of Secondary Education, GCSE）中數學測驗的表現，了解學生對數學課的情意反應及學習成

就。此二所學校的學生在高中以前的學業成績表現相同，學生家長社經地位分布一樣，且學生所受的教學方式相同，唯一的差異是二所高中的授課方式。一所採傳統授課方式，學生依其數學能力分為 8 組，上課時教師先講述 20 分鐘左右，接著讓學生各自練習或小組討論答案。另一所高中採專題導向學習法（project-based learning），教師會要求學生完成教師指定的專題，提供學生解決時的協助，並在確定學生學會後，提供更深的數學概念。教師不直接教導，而是提出引導性的問題協助學生探索。這些專題可能包括要求學生找出相鄰數數序、畫出遊樂場的運動軌跡圖、發現圍牆的最大面積或探究新聞中的統計數字。教師要求學生必須提出自己的理論、評論同儕的解法、建議數學解題方法、提問，以及在教室內以作者的角色說明解題法或解題方向。在這些過程中，強調學生數學學習的主體性。結果發現在傳統教學法的學生常表示課程很無聊，需要靠記憶力才能得高分。而在專題取向學習法的學校學生則對數學有較正向的情緒反應，表示喜歡、有趣。在 GCSE 的測驗結果，也顯示專題導向學習的學生成績顯著地優於傳統教學法的學生。顯見專題導向教學法可以提升學生的數學能力，增加學生對數學可控性的評估。

不同數學教學法也對學生數學學習及生涯選擇的影響很深遠。Boaler 與 Selling（2017）在 Boaler（2002）研究的學生高中畢業 8 年後，調查他們的就業狀況，發現接受專題導向學習法的學生較可能選擇與數學有關的學系，從事相關職業，而有較高的社經地位。他們認為這二種教學法讓學生發展出不同的數學身分認同感，專題導向學習法的學生會發展出主動的數學使用者的認同感，認為學習數學對自己是有用的；而傳統教學法的學生則發展出被動的數學知識接受者的認同感，認為數學對自己的將來沒什麼幫助。

從 Boaler（2002）、Boaler 與 Selling（2017）的研究可以發現，專題導向學習法可以提升學生的數學學習成就，增加學生對數學可控性及數學價值的評估。教師可以根據數學教材內容發展一些專題讓學生利用

數學知識探究。例如：教師可以結合學校園遊會活動，讓學生小組討論要販售的飲料、上網搜尋飲料所需材料比例、估算小組所需採購材料的成本並據以計算售價及利潤。在這個過程中，學生須主動運用其數學知識，成為數學的主動使用者。

（二）引發學生對數學問題的好奇心

很多數學低成就的學生因為過去長期失敗的經驗而覺得數學學習沒有價值，在課堂中經歷無聊的負向學業情緒。因此，教師的課程要能提升學生好奇心以吸引學生參與課堂活動。好奇心是指驅使個體去學習或尋求訊息的內在動機，包括認知與生理的因素。好奇心有三大特質，分別是知識落差、激發狀態被提升（感到興奮、愉悅、不安）及探索行為（Peterson & Cohen, 2019）。知識的落差可能引發學生感到興奮、愉悅或不安，對該知識感到好奇，進而去探索解題策略。但如果學生覺得自己無法控制成敗，也無力解決問題時，可能反而會感到挫敗，進而覺得無助。因此，教師要了解學生的程度，提供其適當難度的作業，引發其好奇心，但又不至於使其感到挫敗。教師可以參考本書「遊戲融入低成就學生的數學學習：以數學奠基活動為例」一章，利用符合學生數學程度的奠基活動引發學生對數學的好奇心。此外，Keller（1987）也提出 ARCS 原則，強調教師課程設計要考量能吸引學生注意（Attention）、與學生有關聯（Relevance）、讓學生有信心（Confidence）及滿足學生需求（Satisfaction）四大原則引發學生學習動機，教師也可參考本書「從情意層面探究國中數學低成就學生的教與學」一章所提供的方法。

（三）增加學生成功的經驗

學生過去在數學科的成功或失敗的經驗直接影響其對數學學業可控性的評價。呂文惠（2020）發現參與補救教學的學生大多表示自己能掌握補救教學班教師提供的教材，也喜歡補救教學班的數學課程。主要原

因是因為他們在補救教學班較常因解題成功而受到教師鼓勵及稱讚。而學生也大多表示對自己原班數學的表現沒有信心，因為大多聽不懂，考試成績不理想，且極少有機會得到授課教師的稱讚。此結果顯示教師如果能夠根據學生的程度提供差異化教材，則較可能讓學生成功，增加學生對數學學習可控性的評價，進而提升其正向數學學業情緒。田曉芬（2018）發現數學低成就的學生在差異化教學後，其數學學習成就及學習動機增加的情形都比高成就組的學生明顯。有關教師如何根據數學低成就學生程度提供差異化教材，請參見本書「促進國小數學低成就學生學習的差異化教學策略」一章。

（四）強化學生基本運算能力

專題或任務導向的學習方式，可強化學生成為數學使用者的自我認同，有助於提升學生對數學學業價值的判斷與學習主體感。然而，教師仍然不能忽略訓練數學低成就學生的基本運算能力。研究發現幼年時有數字運算缺陷比較容易發展出數學焦慮，因此，透過訓練提升孩子的數字運算能力或許可以減低其發展出數學焦慮的可能性（Maloney et al., 2017）。由於運算能力的訓練較強調答案的正確性，教師也要注意訓練的過程中要能提供學生認知及動機的支持，以免造成學生數學焦慮。Maloney 等人指出學生逃避數學的原因之一，就是教師高度要求答案的正確性，但卻未於教學過程中提供學生認知與動機的支持。認知支持是指教師在與學生互動的過程中能否讓學生感受到教師理解其學習困難點；能根據學生程度提供較高程度的問題，引導學生精進自己的能力；並且能將學習的責任轉移到學生自己。例如：當教師覺察學生未能理解加法進位與減法退位時，可以使用進位積木及定位板，讓學生練習整數加減法。而當學生學會了，教師可以引導學生不使用積木而是直接根據數字加減。動機支持則是指教室內目標的結構，教師能否根據學生的程度為其設立可以達到的學習目標，並且協助學生建立次目標，依序完成以達到最終的目標。例如：因為數學教材是螺旋式的設計，教師可以利

用因材網找出學生的數學能力與目前教學進度（主要學習目標）間的落差，以及未能掌握的先備學習內容，讓學生根據自己的起始能力開始逐步練習先備學習內容（次目標）。教師可以與學生討論完成每項學習內容的時限，若學生在時限內完成，則教師給予一個獎章或獎狀。

二、輔導低成就學生調整自己對數學學習的評價及自己的學業情緒

除了課程的規劃與設計外，教師利用各種活動協助學生調整對數學學習的評價，或者協助學生覺察並調節自己負面的學業情緒。

（一）調整對數學學習的評價

教師對學生成功或失敗的反應會影響學生對自己學習成功或失敗的歸因。Dweck（2007）指出在學生成功解決任務時，教師的反應會影響學生對自己能力的看法。如果教師稱讚學生的成功是因為其能力好，則學生會認為能力是固定的，自己無法控制。成功是展現其能力，而失敗則會使別人認為自己無能力，因而會逃避具挑戰性的任務。相反的，如果學生成功後，教師稱許學生的努力，會讓學生相信自己的能力會因努力學習而增長，願意面對具挑戰性的任務。研究發現擔心公開答題錯誤而丟臉，也是很多低成就學生數學焦慮的原因之一（Maloney et al., 2017）。因此，教師應提供數學低成就學生適當難度的問題。當學生成功完成數學任務時，教師應鼓勵學生學習數學過程中的努力，引導學生檢視自己的成功與努力的關係；當學生失敗時，教師引導學生發覺自己努力不足或解題策略錯誤的部分，鼓勵學生努力。透過這些歷程，教師須協助學生覺察到隨著自己努力學習，數學能力也因此提升，進而增進學生對數學學業可控性的評價。

（二）調節學業情緒

教師也可以透過一些方式讓學生覺察並調節自己的學業情緒。Tzohar-Rozen 與 Kramarski（2014）訓練學生在解決數學問題時，以自

我提問的方式調節自己的情緒與動機，結果發現經過 10 週的訓練後，學生的數學學習成就顯著提升。學生在解決數學問題前、中、後自我提問的問題如表 1-1 所示。Maloney 等人（2017）提出表達性寫作，讓學生在數學測驗前 10 分鐘覺察並寫下自己當下的情緒，他們發現這種方式可以降低高數學焦慮學生的數學焦慮，使其有較佳的測驗表現。教導學生認識並重新解釋因負面情緒所引發的生理激起反應（如心跳加速），也有助於提升學生的表現。Maloney 等人建議可以直接告知學生測驗焦慮引發的生理激起反應，而這些生理可以使其更專注，並提升測驗表現。他們發現教導學生重新解釋情緒引發的生理反應後，其數學焦慮會降低，測驗表現會提升。Kim 與 Hodge（2012）則是教導參加數學線上補救教學的大學生將注意力轉移到其他事物以減少數學焦慮、重新評估情境，以及壓抑某些被激發的情緒（如深呼吸或肌肉放鬆訓練）等情緒控制策略，結果可以提升這些須接受數學補救教學的大學生對數學學習的正向情緒（享受與榮譽感）以及學習動機。

表 1-1
學生解決數學問題前、中、後可以用來調節情緒與動機的自我提問問題

學習階段	自我提問問題
解決數學問題前	我覺得如何？ 我是不是為了理解而解題？ 這個問題簡單或困難？
解決數學問題中	我要如何處理負面情緒？ 1. 告訴我自己我可以做到 2. 試著放鬆 3. 暫停／先不理它
解決數學問題後	我覺得如何？

資料來源：Tzohar-Rozen M., & Kramarski B. (2014). Metacognition, motivation and emotions: Contribution of self-regulated learning to solving mathematical problems. Global Education Review, 1(4), p.83.

肆、結語

　　本文根據控制－價值理論（Pekrun et al., 2007）說明數學低成就學生常見的負向學業情緒及可能的成因，並參考相關文獻提出教師可以如何規劃設計自己的課程與教學、協助學生調節自己對數學學業的評價、協助學生協調自己的負面情緒，以及增加學生數學能力與表現的方式，以提高學生正向學業情緒，最終目的是希望能提升學生的數學成就。而從圖 1-1 可以看出，環境和評價雖然是學業情緒的前因，影響學生的學習與成就，但是學生的學業情緒以及學習與成就的結果，也會回饋影響學習環境以及學生對學習任務的評價。也就是說環境、評價、情緒、學習與成就四個元素是循環且互相影響的歷程。而要提升低成就學生的學業情緒則可以從改變任一元素著手。本書其他章節提供的各式數學教學策略，可以有效提供低成就學生數學學習成功經驗，提升學習動機，有興趣者可以自行參閱。

伍、參考書目

中文書目

田曉芬（2018）。**應用差異化教學於八年級數學之行動研究**（碩士論文）。靜宜大學。

呂文惠（2020）。參與國中數學科補救教學學生數學學習自我效能感之探究。**臺灣教育研究期刊**，**1**(6)，127-155。

張俊彥、李哲迪、任宗浩、林碧珍、張美玉、曹博盛、楊文金、張瑋寧（2018）。**國際數學與科學教育成就趨勢調查 2015（TIMSS 2015）：臺灣精簡國家成果報告**。http://www.sec.ntnu.edu.tw/timss2015/downloads/T15TWNexecutive_CH.pdf

張映芬、程炳林（2017）。教師教學情緒、學生學業情緒與動機涉入之關係探究。**教育心理學報**，**49**(1)，113-136。

英文書目

Beilock, S. L., Gunderson, E. A., Ramirez, G., & Levine, S. C. (2010). Female teachers' math anxiety affects girls' math achievement. *Proceedings of the National Academy of Sciences, USA* 1075: 10603.

Boaler, J. (2002). *Experiencing school mathematics: Traditional and reform approaches to teaching and their impact on student learning* (Rev. ed.). Erlbaum Publish.

Boaler, J., & Selling, S. K. (2017). Psychological imprisonment or intellectual freedom? A longitudinal study of contrasting school mathematics approaches and their impact on adults' lives. *Journal for Research in Mathematics Education, 48*(1), 78-105.

Boehme, K. L., Preckel, F., & Goetz, T. (2017). Is it good to value math? Investigating mothers' impact on their children's test anxiety based on control-value theory. *Contemporary Educational Psychology, 51*, 11-21. https://doi-org.libsw.lib.pu.edu.tw/10.1016/j.cedpsych.2017.05.002

Dweck, C. S. (2007). The secret to raising smart kids. *Scientific American Mind, 18*(6), 36-43.

Keller, J. M. (1987). Development and use of the ARCS model of motivational design. *Journal of Instructional Development, 10*(3), 2-10.

Kim, C. M., & Hodge, C. B. (2012). Effects of an emotion control treatment on academic emotions, motivation and achievement in an online mathematics course. *Instructional Science, 40*(1), 173-192. doi:10.1007/s11251-011-9165-6

Lyons, I. M., & Beilock, S. L. (2012). Mathematics anxiety: Separating the math from the anxiety. *Cerebral Cortex, 22*, 2102-2110. doi:10.1093/cercor/bhr289.

Ma, X., & Kishor, N. (1997). Assessing the relationship between attitude toward mathematics and achievement in mathematics: A meta-analysis. *Journal for Research in Mathematics Education, 28*, 26-47.

Maloney, E. A., Schaeffer, M. W., & Beilock, S. L. (2013). Mathematics anxiety and stereotype threat: Shared mechanisms, negative consequences and promising interventions. *Research in Mathematics Education,15*(2), 115-128.

Peixoto, F., Mata, L., Monteiro, V., & Sanches, C. (2017). How do you feel about Math? Relationships between competence and value appraisals, achievement emotions and academic achievement. *European Journal of Psychology of Education, 32*(3), 385-405.

Pekrun, R., Frenzel, A. C., Goetz, T., & Perry, R. P. (2007). The control-value theory of achievement emotions: An integrative approach to emotions. In P. A. Shutz & R. Pekrun (eds.), *Emotion in Education* (pp. 13-36). Academic Press.

Pekrun, R., Goetz, T., Frenzel, A. C., Barchfeld, P., & Perry, R. P. (2011). Measuring emotions in students' learning and performance: The Achievement Emotions Questionnaire (AEQ). *Contemporary Educational Psychology, 36,* 36-48. doi:10.1016/j.cedpsych.2010.10.002

Pekrun, R., Lichtenfeld, S., Marsh, H. W., Murayama, K., & Goetz, T. (2017). Achievement emotions and academic performance: Longitudinal models of reciprocal effects. *Child Development, 88*(5), 1653-1670. https://doi-org.libsw. lib.pu.edu.tw/10.1111/cdev.12704

Peterson, E. G., & Cohen, J. (2019). A case for domain-specific curiosity in mathematics. *Educational Psychology Review*, *31*(4), 807-832. https://doi-org. libsw.lib.pu.edu.tw/10.1007/s10648-019-09501-4

Sánchez-Rosas, J., & Esquivel, S. (2016). Instructional teaching quality, task value, self-efficacy, and boredom: A model of attention in class. *Revista de Psicología, 25*(2), 1-20.

Tzohar-Rozen, M., & Kramarski, B. (2014). Metacognition, motivation and emotions: Contribution of self-regulated learning to solving mathematical problems. . *Global Education Review, 1* (4).76-95.

Van der Beek, J. P. J., Van der Ven, S. H. G., Kroesbergen, E. H., & Leseman, P. P. M. (2017). Self-concept mediates the relation between achievement and emotions in mathematics. B*ritish Journal of Educational Psychology, 87*(3), 478-495. https://doi-org.libsw.lib.pu.edu.tw/10.1111/bjep.12160

Weiss, H. M., & Cropanzano, R. C. (1996). Affective events theory. In B. M. Staw & L. L. Cummings (Eds.), *Research in Organizational Behavior* (Vol. 18, pp. 1-74). JAI Press.

第二章
從情意層面探究國中數學低成就學生的教與學

龔心怡
國立彰化師範大學教育研究所教授

李靜儀
國家教育研究院課程及教學研究中心助理研究員

　　臺灣針對教學現場的數學低成就學生推行學習扶助已行之有年，在學期課餘時間或寒暑假提供這些學生小班且個別化之免費教學；然而經過長久的推動，卻似乎未見極為具體的成效。其次，過去針對數學低成就學生的研究主軸，大多著重在教育政策、目標設定、量化指標等方向，但許多參加學習扶助的學生基本上在一般數學課堂就是低成就者，容易感受到挫折、自信心不佳、學習動機薄弱，因此筆者認為從情意因素著手，或許才是充分理解學習扶助為何無法具有成效的起點。此外，近期國際數學教育關切的焦點，也逐漸地從學科知識的內容轉移至情意、信念、動機等層面，顯見情意層面對低成就學生的重要性。故本章將從學生的情意層面著手，提供在數學課堂具體的教學策略來協助低成就學生的數學學習，首先論述情意層面的重要性，接續說明欲聚焦的情意構面，最後提供 ARCS 教學策略，以供教學現場教師實務操作之參考。

壹、低成就學生的數學學習情意面向之重要性

一、低成就學生數學學習之困境

　　數學學習相當重要，數學不僅關係著認知表現的評價，也會影響後續的數學表現與未來的生涯發展及職涯選擇（Kyttälä & Björn, 2010）。臺灣學生的數學表現在 TIMSS 與 PISA 的數學國際排名佳，但曹博勝（2015）分析 TIMSS 2011 臺灣八年級學生的數學表現，發現八年級學生的分布全距比其他國家大，也就是最低分與最高分分數差距大，這個現象與 TIMSS 2003、2007 的測驗結果非常類似，顯示這麼多年來在縮短學生的數學成就差異方面，並未獲得相當程度的改善，是以如何提升或補救學習困難學生的數學表現，仍是未來需要持續努力的一環。相似的測驗結果也見於 PISA 2015 的結果，臺灣學生雖在該測驗的「數學素養」平均分數為 542 分，國際排名第 4，但兩極化現象嚴

重，「動機落差」即是造成表現兩極化的最大危機（陳雅慧、施逸筠，
2014）。

　　過去許多研究嘗試以不同的觀點來探討低成就學生的數學學習，期
待透過不同的補救教學方案來改善。例如：馮莉雅（2003）指出早期
教學現場的補救教學，大多停留在原有班級數學課程的重新教學與反覆
練習，較少將影響低成就學生的學習因素與需求列入考慮。鄭鈐華與吳
昭容（2013）彙整出補救教育未具成效的主要原因，認為可以歸咎於：
(1) 評估的指標不當：政府單位向來習慣以「量」來呈現補助計畫的成
果，鮮少以「質」或「學生學習成效」來說明學生受補救後的程度變化；
(2) 補救教學實施時教學現場的困境，例如：缺乏適合補救教學使用的
教材、學生缺乏學習動機、未能安排良好的上課時段、補救課程缺乏有
效的規劃、缺乏難度適中的評量試題等。綜合上述，過去研究補救教學
的主軸大多著重在教育政策、目標設定、量化指標等方向，但參加補救
教學的低成就學生基本上就容易在課堂上感受到挫折、自信心不足、學
習動機低落，因此從影響國中數學低成就學生之情意因素著手，或許才
是解決之道，也才能作為未來設計數學補救教學課程與教材的參考依據。

二、因材施教：重視情意層面的數學學習扶助

　　以數學教育的觀點視之，儘管學校期望每位學生都能學好數學，
培養學生具備一定的數學能力，但不可否認地，並非所有學生都能在
數學上表現良好，每個班級中總有所謂的低成就者。Reis 與 McCoach
（2000）將低成就者定義為潛在能力與實際表現水準有過大差異者，
意即成就水準顯著低於能力水準者即為低成就者，這些學生並非學習障
礙的問題，但就是無法在數學上表現良好，需要額外的協助。補救教學
的重點除了「怎麼教」，更是「怎麼學」，亦即並非僅靠教師單方面強
調教學方式的改變，而是應該思考如何先讓孩子有學習的動機。唐淑華
（2013）就指出現場教師應該要對學習者的心理素質予以更多關注，
建議補救教學應更關注於學生「會不會學」及「要不要學」此二議題

上，強調學生情意的激發是補救教學最可著力之處，教師們對於低成就學生的輔導方向，應該加強情意層面的輔導，幫助這些學生在面對學業困難時，有更好的挫折忍受力與責任感，並增進他們對學習的允諾程度，如此學業表現才有可能提升。

這樣的觀點十分符合近期國際數學教育關切的焦點。近年來數學教育逐漸地從學科知識的內容（cognition）轉移至情意（affect）、信念（beliefs）、動機（motivation）等態度層面，原因在於學生的數學認知與情意發展，兩者皆是數學課程安排與教學活動設計的依據，也是數學學習成效監控的重要指標，因此許多研究者皆認同數學學習應該包括信念、情意、意志、認知與後設認知等面向的交互作用，而非單就認知層面的探討（McLeod, 1992; Zan, Brown, Evans, & Hannula, 2006）。而對於需要補救教學的低成就者而言更是如此，研究指出針對這些弱勢的低成就學生，除了增進其數學學習能力之外，更重要的還應該強化其對數學學習的情意態度，因為缺乏意義感的學習態度，不但嚴重降低學業表現，也可能對其心理產生相當負面的影響，產生數學學習與考試焦慮、數學學業復原力低落等現象，更無助於這些學生的數學表現（McCoach & Siegle, 2003）。

貳、與低成就學生相關之數學情意層面

一、數學教育的情意層面

情意變項在數學學習中扮演舉足輕重的角色，許多研究皆已經指出情意的影響力更甚於認知因素，亦即態度（attitude）、動機（motivation）、信念（beliefs）等層面對學生的數學學習更具關鍵性（McLeod, 1992; Zan et al., 2006）。然而這些研究亦指出在探究情意變項的同時，一個最容易面臨的困境是情意變項難以建立在一個強而有力且具有共識的理論基礎上，換言之如何明確地界定情意變

項的範疇與內涵實屬不易。Zan 等人（2006）提到對數學情意變項的關注早期可追溯至 1960 與 1970 年代，當時數學教育關注的情意變項聚焦在數學焦慮（mathematics anxiety）與對數學的態度（attitude toward mathematics），對數學的態度又以數學成就與情感結果（喜歡數學）等兩個信念最為顯著，依據此種構念所編製最被廣為使用的量表應屬 Fennema 與 Sherman（1976）的數學態度量表（Mathematics Attitude Scales）。McLeod（1992）也提出數學情意變項中最重要的就是幫助學生了解數學的價值與發展學生對數學的信心；若以數學氣質（mathematics disposition）的標準而言，情意變項也包括評量學生的信心、興趣、堅持度與好奇心等，上述這些內涵都可以廣泛地視為與情意相關的範疇。然而上述的研究大多聚焦在一般學生，針對低成就學生而言，哪些情意層面會具有更為關鍵的因素呢？

二、與低成就學生相關的情意變項

　　針對低成就學生的情意變項探討，Reis 與 McCoach（2000）綜合許多過去的文獻，發現低成就學生的情意因素，通常包括低度學業自我概念、低度自我動機與自我調節、低度目標價值、對學校與教師的負向態度等。McCoach（2002）針對低成就學生發展出學校態度評量調查（the School Attitude Assessment Survey, SAAS）的原始版本，目的是探討與低成就中學學生成績不佳相關的四個情意因素，包括：(1) 學業自我知覺（Academic Self-Perceptions, AS），探討學生對自己學業能力的知覺，意即自我概念；(2) 對學校的態度（Attitudes Toward School, ATS），包括學生自我評估對學校的興趣和情感；(3) 動機／自我調節（Motivation and Self-regulation），評估學生必須被激勵的使用策略與調節他們的認知和努力；(4) 同儕對學校的態度（Peer Issues），學生知覺他們的同儕如何評估成就的看法。

　　然而，McCoach 與 Siegle（2003）基於幾個理由決定進行量表的修正，第一，動機／自我調節和學業自我知覺因素展現高相關性，因此

他們決定再次修改，以提供更有力的證據來判別這兩個因素之間的區辨效度；第二，相較於「學業自我知覺」、「對學校的態度」與「動機／自我調節」等三個因素，「同儕對學校的態度」對學生為高、低成就者的預測力非常低，無法貢獻獨特的變異性，因此決定剔除同儕這個變項，並測量另外兩個新的因素：「目標價值」與「對教師和班級的態度」。測量前者的原因是假設學生如果重視在學校的學習，認為學校學習是有價值的，就會與其他的變項例如：動機、自我調節、努力等連結，進而促進學習表現；而後者需要從對學校的態度區分出來的原因是學生可能會對教師、班級、學校有不同的情感，有些學生對學校可能是正向的態度，但未必會對班級和教師有正向的態度。基於這些原因，McCoach 與 Siegle（2003）發展學校態度評量調查—修訂版（SAAS-R），該量表最後找出 5 個因素，分別是：(1) 學業自我知覺因素（例題：我善於在學校學習新事物）；(2) 對教師和班級的態度因素（例題：我喜歡我的老師）；(3) 對學校的態度因素（例題：我以自己的學校為榮）；(4) 目標價值因素（例題：對我來說在學校有好的表現很重要）；(5) 動機／自我調整因素（例題：我在學業上很努力）。

三、低成就者的情境興趣與數學學習之關聯

在教育領域中，最早提及興趣的學者可追溯至 Dewey（1913）的《Interest and effort in education》一書，內容提到興趣可以融合學生在學習過程中的校外經驗，鼓勵學生使用先備知識來追求新知識，激勵學生做中學；因此興趣長久以來皆被認為是引導孩子學習的激勵因素，也會影響其學業表現（Renninger & Hidi, 2002; Renninger, Hidi, & Krapp, 1992）。後續對興趣的研究，最重要的發現為興趣是一個多面向的現象，一般區分為個人興趣（personal interest）與情境興趣（situational interest）（Renninger et al., 1992）。近期心理學家在探究激勵學生學習時，轉而將重點轉移到情境興趣，此興趣著重在活動或學習任務上的特性對學生所產生的吸引力（Renninger et al., 1992），

因此情境興趣被視為具有過渡性的、受環境驅動的、情境脈絡特定性的性質。換言之，情境興趣是一種互動與關聯性的情境建構，也就是個人受情境環境刺激感覺有趣，將焦點從個人轉移到特定的活動，因此與特別的主題或情境有關。研究者一致認為個人興趣和情境興趣皆會影響學習，但卻是以相當不同的方式影響學習（Schraw & Lehman, 2001），因此探究興趣如何影響學習時，區分個人興趣與情境興趣有其必要性。而如何讓低成就學生對數學課程感興趣，或許在補救教學的課堂提供適當的情境，引發其情境興趣就是一種解決方案。低成就學生能從有趣的數學情境激發出學習的渴望嗎？答案或許是正向的，以數學為例，Mitchell（1993）指出學習中的情境興趣，會造成學生對特定數學學習活動表徵的再認。此外，情境興趣也被發現在數學、閱讀與歷史領域具有獨特的短期與長期動機效果，是引導學習者參與學習的一個重要動機（Renninger et al., 1992）。上述研究都提供一些在探討低成就學生情意可供指引的方向，以數學補救教學的情意層面來看，除了對數學正向的評價、態度、目標價值等學校態度變項之外，在補救教學的課堂，引發低成就學生的情境興趣可能也是一個重要的關鍵因素。

四、小結

　　過去探究數學低成就學生的研究大多著重在政策的探討、課程的研發、教材的編擬、教學內容的反覆練習等，但卻可能忽略了考慮這些低成就學生的「情意因素」！許多過去的研究發現「有實施」補救教學未必「有效果」，因此針對這些低成就學生在情意因素上的探討與突破有其重要性。若能針對低成就學生建立一個較為統整性的數學學習情意模式，運用這個統整模式得出之架構，就可以提供教學現場的教師設計出有利於低成就學生在數學補救教學過程中的情意激發策略。利用在教育領域中常被使用來激發學生動機與情意的 ARCS（Attention、Relevance、Confidence、Satisfaction）模式之實施，應可對這些低成就學生有助益，因此接續將說明如何以 ARCS 情意激發模式融入補救

教學課堂介入之教學活動。

參、運用 ARCS 情意激發模式建構數學課堂介入

一、使用 ARCS 情意激發模式之時機與內涵

　　課堂經驗的挑戰是一種在情境中，學習者知識概念的發展與其社會世界聯繫的循環活動，此循環活動包含認知、情感和社會互動的協調。ARCS 模式是從情意層面出發，試圖連結認知元素，並在課堂的社會互動中展現其成效。ARCS 情意激發模式是由 Keller（1987）所提出，整合許多在情意層面所強調的不同理論，包括歸因理論、期望—價值理論、增強理論、成就動機理論與社會學習理論等，提出一個適合激勵所有年齡層學生的學習動機系統化設計模式，其中系統的四個必備要素分為引起注意（Attention）、切身關聯（Relevance）、建立信心（Confidence）、獲得滿足（Satisfaction），簡稱 ARCS 模式。此情意激發模式可與其他教學理論或教學設計步驟相互融合與應用。雖然 ARCS 之發展是以美國的教學脈絡為發展主軸，但此模式的應用範圍不受文化背景所限制，亦可廣泛運用至不同文化脈絡之教學情境中（Visser & Keller, 1990），同時教師在此教學過程中，能依據模式之理論基礎和相關內涵，並配合教材內容加以設計，發展出多元、豐富之教學策略，以提升學生的學習動機。

二、ARCS 情意激發模式之教學設計流程與引導策略

　　ARCS 模式著重在情意的激發，是一種整合性地結合情意、認知、社會互動的教學設計，藉著一連串的策略，強化學習者興趣，以達到教學的目標。以下將 ARCS 四個面向之定義與教學應考慮的問題說明如下，並將每個要素的次分類、教師應有的思考方向與主要的融入教學策略臚列如表 2-1 所示，至於如何在補救教學操作的範例，將於後續舉例說明。

表 2-1

ARCS 模式之次分類、教師的思考方向和主要的教學策略

要素	次分類	教師的思考方向	主要的教學策略
引起注意（Attention）	A1 好奇心	該如何激發學生的興趣	利用新方法、注入個人和／或感性教材創造學生的好奇和驚嘆
	A2 求知慾	該如何激發學生的探究態度	藉由提問、創造悖論、詢問，並培養思維的挑戰，增加好奇心
	A3 多樣性	該如何保持他們的專注力	藉由多樣的教學方式、具體類比、生活經驗的舉例，以及意料之外的事情，保持學生的興趣
切身關聯（Relevance）	R1 目標導向	如何滿足學生的需求	提供教學的範例、呈現目標或請學生定義
	R2 配合學習者動機需求	該如何及何時連結教師的教學方式、學生學習式態和個人興趣	藉由個人成就機會、合作活動、領導責任與正向角色楷模，使教材連結到學生的動機與價值
	R3 相似性	該如何連結學生的經驗	在教材中提供具體例子和類比，以連結學生的背景知識
建立信心（Confidence）	C1 學習要求	該如何協助建立對於成功的正向期待？	藉由解釋成功的必要條件和評鑑標準建立信任和正向期待
	C2 成功機會	如何使學生的學習經驗用以支持或增加其能力信念？	藉由提供多樣和具有挑戰性的體驗，提高學生的能力信念
	C3 操之在己	如何讓學生清楚了解他們的成功是奠基於自己的努力和能力	盡可能使用操之在己的技術，並提供個人努力的回饋。

要素	次分類	教師的思考方向	主要的教學策略
獲得滿足（Satis-faction）	S1 內在增強	該如何鼓勵、支持學生的內在興趣	提供回饋和強化個人的努力和成就等正向情感訊息
	S2 外在酬賞	應提供什麼增強鼓勵學生的成就	使用口頭表揚、真正的或象徵性的獎勵和激勵機制，或者讓學生展示他們努力的結果。
	S3 公平	該如何能讓學生認為他們都被平等的對待	讓表現和期待一致，且對所有學生的作業和成就採用一致的評量標準

三、補救教學中 ARCS 模式教學設計步驟與多元評量的對應性

　　ARCS 模式為一問題解決導向之模式，所要解決的問題為如何讓學生覺得教學內容值得學習，並激發其學習意願，以及如何藉由教學幫助學生學會教學內容，進而相信成功是自己可掌握的，就能增強學生的情意、信念與態度層面。Keller（1987）將上述議題設定為模式發展的主軸，並建構出分析、設計、發展和試驗 4 個階段、10 個步驟之設計歷程。由於良好的教學設計之課堂介入必須與評量互相搭配，特別是在補救教學更為重要，唐淑華（2013）就提出幾個補救教學的具體方向，包括：(1) 運用多元評量方式，以正確診斷學習問題：補救教學的第一步乃是正確的問題診斷，且愈精確的診斷，愈能給予有效的協助；(2) 提供適性與多元的學習材料；(3) 運用適性多元的教學方法。因此針對這些經由篩選測驗所找出有額外學習需求之學生，補救教學教師更應該搭配多元評量的概念來設計課程及教學策略，如搭配 ARCS 模式與多元評量的概念。下列將 ARCS 步驟與多元評量的對應性彙整如表 2-2，在進行教學活動時也可以由這些評量方式來作為課程實施與資料蒐集之依據。

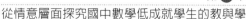

表 2-2
ARCS 教學設計步驟與多元評量的對應性

普遍化設計	設計步驟	教學設計步驟	評量方式
分析	1. 獲得課程資訊 2. 獲得聽眾資訊 3. 分析聽眾特質 4. 分析現有教材	A. 指出哪些教學是適合的解決方案 B. 指出教學目標 C. 指出學習者的起點行為和特性 D. 實施教學分析	篩選性評量 安置型評量 情意評量
設計	5. 列出目標和評量方法 6. 列出可能的策略 7. 選擇和設計策略 8. 與教學方法結合	A. 寫出學習表現目標 B. 發展標準參照測驗 C. 發展教學策略	情意評量 形成性評量
發展	9. 選擇和發展教材	A. 發展和選擇教學方法	情意評量 形成性評量
預試	10. 評鑑和修正	A. 設計和實施形成性評量 B. 設計和實施總結性評量 C. 修正教學方法	情意評量 形成性評量 總結性評量

四、教學設計

　　本節利用國中七年級上學期「第一章 整數的運算」的單元「1-2 整數的加減」來作為 ARCS 情意激發模式教學活動設計之範例。整數的加減法，是學生進入國中後所接觸的第一個單元，有別於國小的正數世界，國中第一個單元就迎來負數，以及正負數的加減，因此將抽象的負數概念具體化、生活化成了教師在教學中的首要任務。負數單元及整數的加減法，是國中階段代數問題的基礎，打好基礎，往後的學習單元才能遊刃有餘。該單元對應到 11 個能力指標、3 個主題：「整數的加減法運算」、「整數的加減法運算（進階）」、「數線上兩點間的距離」，與 3 個學習目標：「能做整數的加法」、「能做整數的減法」、「能利用整數加法結合律及交換律求值，做整數的加減運算」。在課程

的教學流程分爲 4 個部分：引起動機、整數的加法運算、整數的減法運算、教師重點整理與補充，分述如下。

(一)【引起動機】：對應引起注意（A）、切身關聯（R）

1. 引起注意（A）：好奇心

爲了幫助學生學好整數的加減法，我們將學生熟悉的打仗遊戲融入來引起注意（A），其中牽涉到引發學生**好奇心**，利用新方法注入個人感興趣的教材，創造學生的好奇和驚嘆。

2. 引起注意（A）：多樣性

進行「打仗遊戲」規則說明：在遙遠的地方有兩個國家，分別是正數王國、負數王國，兩國爲世仇。兩國交戰時，須遵守以下遊戲規則：敵國士兵相遇時可互相廝殺，一個士兵只能殺一個敵國士兵，同國士兵不能互相殘殺，且可接受敵國士兵叛逃。這是藉由**多樣性**的具體例子，保持他們的興趣。

3. 切身關聯（R）：目標導向

接續介紹性質符號，正號、負號分別代表正數王國、負數王國，利用**目標導向**提供教學範例、呈現目標或請學生定義，以「整數的加法」進行示範，如範例 (1)：

例 (1)：$(-3) + (+2) = -1$

三個負數王國士兵遇到兩個正數王國士兵，因爲兩國會廝殺，所以最後剩下一位，且倖存的是人數較多的負數國士兵，因此答案的性質符號爲負號，答案爲 -1。

4. 切身關聯（R）：相似性

再以教材中提供的具體例子和類比，以連結學生的背景知識。如範例 (2)：

例 (2)：$(-3) + (-2) = -(3 + 2) = -5$

三個負數王國士兵遇到兩個負數王國士兵，因爲是同國所以不能廝殺，因此人數會由三個增加兩個，總數變爲五個士兵，且因爲都是負數

王國士兵，所以答案的性質符號爲負號，答案爲 –5 。

(二)【整數的加法運算】：對應切身關聯（R）、建立信心（C）、獲得滿足（S）

1. 切身關聯（R）：目標導向、相似性

與上述範例雷同，教師再次利用目標導向的實例，示範整數的加法運算，並多提供具體例子和類比。

2. 建立信心（C）：學習要求

教師接續提供學生**學習要求**，解釋成功答題的必要條件和評鑑標準，建立信任和正向期待等，讓學生進行個人思考，提出合理的想法以完成解題。

3. 建立信心（C）：操之在己

配合課堂設計的隨堂練習一、二，讓學生盡可能使用**操之在己**的技術，並善用獎賞等策略提供個人努力的回饋。

4. 獲得滿足（S）：內在增強、外在酬賞

教師提供回饋和強化個人的努力和成就等正向情感訊息，來達到對學生的**內在增強**，也可以使用口頭表揚、具體的或象徵性的獎勵和激勵機制（如文具、集點代幣制等），或讓學生展示他們努力的結果等方法來達到**外在酬賞**的效果。

(三)【整數的減法運算】：對應切身關聯（R）、建立信心（C）、獲得滿足（S）

「整數的減法」教學策略與上述加法運算相似，以例 (3) 到例 (5) 的範例說明，同樣對應到切身關聯（R）的目標導向、相似性；建立信心（C）的學習要求、操之在己；獲得滿足（S）的內在增強、外在酬賞，但再加入**建立信心（C）的成功機會**。

由於整數的減法比加法更具挑戰性，因此教師可以藉由提供多樣化和具有挑戰性的體驗與練習，提高學生的能力信念，創造他們的**成功機會**！

例 (3)：(+3) – (–2) = 3 + 2 = 5

三個正數王國士兵遇到兩個負數王國士兵背叛後逃到正數王國，因此正數王國人數會由三個增加到五個，總數變為五個士兵，亦即將題目改寫成 3 + 2，答案 5 即呼之欲出。

例 (4)：(–2) – (+3) = – (2 + 3) = –5

同上一例，兩個負數王國士兵遇到三個正數王國士兵背叛後逃到負數王國，因此負數王國人數會由兩個增加到五個，且因為都是負數王國士兵，所以答案的性質符號為負號，答案為 –5。

例 (5)：(–3) – (–2) = – (3 – 2) = –1

三個負數王國的士兵有兩個戰死，因此少了兩個負數王國的士兵，則會剩下一個負數王國的士兵，因此答案為 –1。

（四）【教師重點整理與補充】：切身關聯（R）、建立信心（C）、獲得滿足（S）

課堂最後教師利用重點整理幫學生複習本節所學的概念，再次導入切身關聯（R）的**目標導向**，強化學生**操之在己**來建立信心（C），並讓學生能利用**內在增強**、**外在酬賞**來獲得滿足（S），再就最後的情況決定是否補充說明。以上就完成一個 ARCS 的循環歷程。

綜合上述，針對低成就學生的學習，若能在補救教學過程導入 ARCS 情意激發模式，利用生活實際情境為例子先引起注意（A），引入學生熟悉的事件或議題，吸引他們對該單元的情境興趣、樂於主動參與；運用與學生切身關聯（R）的經驗教授數學課程與內容，讓學生能對該課程內容產生積極的學習態度，且給予嘗試的機會讓學生展現思維，並讓學生理解該學習經驗是有價值的；教師在課堂活動與形成性評量的過程中建立學生信心（C），協助學生創造正向的成功與期待，藉由教學過程與設計幫助學生獲得成功經驗，讓學生在互動過程中有所領悟；讓學生因為這些即時回饋所獲得的外在或內在鼓勵而得到滿足（S），產生繼續學習的欲望；教師也應該以持續設計進階的活動設計

讓學生獲得良好的學習經驗為目標，努力促進學生的高階思維。

肆、參考書目

中文書目

唐淑華（2013）。帶著希望的羽翼飛翔——談補救教學在十二年國教的定位與
方向。**教育人力與專業發展，30**，1-11。

曹博勝（2015）。TIMSS 2011 臺灣八年級學生的數學成就及其相關因素之探討
（I）。**科學教育月刊，383**，2-16。

陳雅慧、施逸筠（2014）。PISA 成績沒說的事：「動機落差」是最大危機。**親
子天下，53**。取自 https://www.parenting.com.tw/article/5055609-/

馮莉雅（2003）。影響國中數學科低成就學生學習之因素調查研究。**教育學刊，
20**，79-99。

鄭鈐華、吳昭容（2013）。與八年級課程同步實施的數學補救教學：成效與反
思。**臺東大學教育學報，24**(2)，1-31。

英文書目

Dewey, J. (1913). *Interest and effort in education*. Riverside Press.

Fennema, E., & Sherman, J. A. (1976). Fennema-Sherman mathematics attitudes
scales: Instruments designed to measure attitudes toward the learning of
mathematics by females and males. *Journal for Research in Mathematics
Education*, 7(5), 324-326.

Keller, J. M. (1987). Development and use of the ARCS model of instructional
design. *Journal of Instructional Development, 10*(3), 2-10. doi:10.1007/
BF02905780

Kyttälä, M., & Björn, P. M. (2010). Prior mathematics achievement, cognitive
appraisals and anxiety as predictors of Finnish students' later mathematics
performance and career orientation. *Educational Psychology, 30*(4), 431-448.
doi:10.1080/01443411003724491

McCoach, D. B. (2002). A validation study of the school attitude assessment survey.
Measurement and Evaluation in Counseling and Development, 35(2), 66-77.

McCoach, D. B., & Siegle, D. (2003). The school attitude assessment survey-revised: A new instrument to identify academically able students who underachieve. *Educational and Psychological Measurement, 63*(3), 414-429. doi:10.1177/0013164402251057

McLeod, D. B. (1992). Research on affect in mathematics education: A reconceptualization. In D. A. Grouws (Ed.), *Handbook of research on mathematics teaching and learning: A project of the National Council of Teachers of Mathematics* (pp. 575-596). Macmillan Publishing Co, Inc.

Mitchell, M. (1993). Situational interest: Its multifaceted structure in the secondary school mathematics classroom. *Journal of Educational Psychology, 85*(3), 424-436. doi:10.1037/0022-0663.85.3.424

Reis, S. M., & McCoach, D. B. (2000). The underachievement of gifted students: What do we know and where do we go? *Gifted Child Quarterly, 44*(3), 152-170. doi:10.1177/001698620004400302

Renninger, K. A., & Hidi, S. (2002). Student interest and achievement: Developmental issues raised by a case study. In A. Wigfield & J. S. Eccles (Eds.), *Development of achievement motivation* (pp. 173-195). Academic.

Renninger, K. A., Hidi, S., & Krapp, A. (1992). *The role of interest in learning and development.* Lawrence Erlbaum Associates.

Schraw, G., & Lehman, S. (2001). Situational interest: A review of the literature and directions for future research. *Educational Psychology Review, 13*(1), 23-52. doi: 10.1023/A:1009004801455

Visser, J., & Keller, J. M. (1990). The clinical use of motivational messages: An inquiry into the validity of the ARCS model of motivational design. *Instructional Science, 19*(6), 467-500. doi:10.1007/BF00119391

Zan, R., Brown, L., Evans, J., & Hannula, M. S. (2006). Affect in mathematics education: An introduction. *Educational Studies in Mathematics, 63*(2), 113-121. doi:10.1007/s10649-006-9028-2

第三章

低成就學生數學主觀規範與數學學習的關聯

林素微

國立臺南大學教育學系教授

　　學生學習不佳，有很多影響的因素，許多文獻指出這些因素可能是來自於學生自己、家庭、環境等面向。本文主要從環境面向中的重要他人的影響，也就是學生重要他人的數學主觀規範，針對理論及研究進行梳理，並針對教師可以在實際課堂中如何蒐集學生的數學主觀規範提出測量方式作爲示例，希望有助於釐清學生在數學學習環境社交面向中的重要議題。

壹、前言

　　許多研究資源一直努力探討個體數學表現不佳的可能原因，積累的研究文獻已經確認一些影響學生在數學領域表現的相關因素或構念，一般共識至少已有下列三種：認知能力（如 Deary et al., 2007）、人格特質（如 Heaven & Ciarrochi, 2012），以及數學態度（如 Lipnevich et al., 2012）。Lipnevich 等人提到，近來許多研究者逐漸重視社會心理因素對於教育的重要性，這些研究嘗試探索社會脈絡取向下的其他可能變項對於數學表現爲什麼不同的其他解釋力，例如：在社會性的大環境中有關認知的信念、社會和文化因素對學童思維發展或者思想的影響。在這之中，計畫行爲理論（the theory of planned behavior，簡稱 TPB）（Ajzen, 1991, 2005）是一個決策模型，其透過結構化的理論架構探討許多因素（如態度、自我效能）對學業成就的影響。以 Lipnevich 等人（2016）研究爲例，他們發現排除了認知能力和人格特質之後，計畫行爲理論觀點仍對於學生的數學表現有額外增益的解釋力。

　　Bandura（1986）指出個體的自我系統掌握了其自身的思維、情感以及行動。這個自我系統包含了認知、情感結構，以及因應的行爲或策略，對於我們接收、調整，以及評估行爲的參照機制上扮演了重要的角色。Bandura 認爲人類的學習是個人與其社會環境持續交互作用的歷程。多數人類行爲是透過學習而來，自出生起就持續有意識或無意識地

學習他人的行為，隨著年齡增長，在行動、思想、感覺以及對事物的看法不斷的學習與改變；而這一連串的學習活動，是個體習得社會行為的主要途徑。個人自己對環境中人、事、物的認識和看法是學習行為的重要因素，也就是說，在社會環境中，環境因素、個人對環境的認知，以及個人行為三者彼此交互影響，最後才確定所習得的行為，因此，環境、個人與行為三項因素被稱為社會學習理論的三元取向，而社會學習理論因而也被稱為三元學習論（triadic theory of learning）（請參見圖3-1）。

圖 3-1
Bandura 社會認知理論

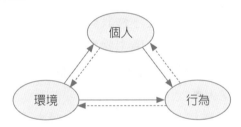

資料來源：Bandura, A. (1986). *Social foundations of thought and action: A social cognitive theory.* Prentice Hall.

Vygotsky（1978）也指出人類發展與文化和社會發展密不可分，這些社會互動有助於兒童的認知發展，因此，社會環境在認知發展中的影響力不容小覷。本章聚焦於學生（尤其是低成就學生）學習的社會脈絡，採用 Ajzen（1991, 2005）提出的 TPB 來探討低成就學生在學習投入和表現的可能關聯。

貳、計畫行為理論中的數學主觀規範

TPB 基礎源自社會心理學，主張個體從事某項行為的意圖是該行為發生與否的立即決定因子；而意圖的強弱則會受到個體對該行為的態

度、主觀規範以及知覺行爲控制三個變項所影響（Ajzen, 1991, 2005; Fishbein & Ajzen, 2010）。其中，行爲的態度指的是個體對特定行爲的重視程度，以及個體是否期望這種行爲會導致相關的後果和相關的價值；主觀規範則是有關於他人規範性期望的信念，又稱爲規範性信念，是學生決定執行或不執行特定行爲的社會期待或壓力，這個社會期待或壓力通常來自於他們周遭的重要他人（如父母、教師或朋友對行爲的鼓勵與否）；知覺行爲控制則是來自於關於促進或阻礙行爲的可能因素，例如：完成該行爲所需的時間與機會、資源、技術、與他人合作等內、外在因素，因而引起感知的行爲控制。

從後設理論的角度來看，Ajzen 的 TPB 指出個體是理性、有系統地處理他們所得到的訊息，並根據其主觀感知的後果或效益，以及重要他人的期望來進行運作。這個基本假設與主觀預期效果理論的基本思想是一致的，指出個人有更高的意圖去執行行爲，因爲他們意識到自己具有很高的行爲控制感。這種感知到的行爲控制也與 Bandura 的自我效能理論相符（Ajzen, 1991）。

行爲的態度、主觀規範和行爲控制感結合起來，導致行爲意圖的形成。一般而言，學生具備愈有利的行爲之態度和主觀規範，以及感知到的行爲控制愈大，他們執行相關行爲的意圖就愈強；執行某項行爲的意圖愈強，該種行爲就愈可能發生。愈來愈多的證據顯示學生在校的朋友有較高學術傾向，將有助於提升其學業表現（Butler-Barnes et al., 2015）；以及父母對於學業的正面意向可能會督促學生有優良的學業表現（Karbach et al., 2013）。最後，如果對行爲有足夠程度的實際掌控，人們應該會在適當時機實現或者執行其意圖。因此，本章假設意圖是行爲的前提。然而，倘若個體知覺行爲控制有其困難，可能進而對於行爲執行造成困難，因此，本章除了考量行爲意圖之外仍須考慮知覺行爲控制對於行爲有直接關聯，換句話說，知覺行爲控制可能透過行爲意圖間接影響行爲，也可能直接影響行爲（Ajzen, 1991; Armitage & Conner, 2001）。下圖3-2是本章依據Ajzen（2006）理論模式的示意圖。

圖 3-2
本文計畫行爲理論模式

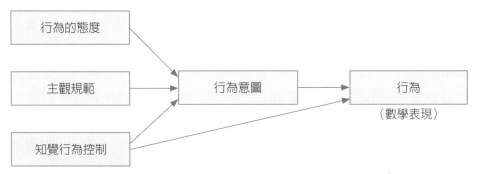

資料來源：Ajzen, I. (2006). *Constructing a theory of planned behavior questionnaire: Conceptual and methodological considerations.* Retrieved from http://www. people.umass.edu/aizen/pdf/tpb.measurement.pdf.

參、主觀規範與數學表現的關聯

一、主觀規範相關研究

筆者以計畫行爲理論爲關鍵詞在科技部專題計畫補助，以及「臺灣人文及社會科學引文索引資料庫」（Taiwan Citation Index – Humanities and Social Sciences，簡稱 TCI-HSS）分別進行檢索，發現共有 11 篇研究計畫以及 235 篇期刊論文以此理論爲基礎進行探討。多數研究案例顯示出，計畫行爲理論在消費、運動、健康、休閒活動等領域的行爲決策有相當良好的預測力（如呂宛蓁，2011；李永祥、余宗龍，2014）。雖然如此，教育方面相關的計畫行爲理論研究似乎偏少，例如：陳淑慈（2018）以計畫行爲理論探討教師使用桌遊的意願，以及于健、邱孟緘（2015）以計畫行爲理論進行國小學童網路成癮行爲及相關因素探討。而發表於國外研究期刊的研究中，則發現兩篇。其中，Lin（2012）利用計畫行爲理論研究影響臺灣父母參與學校教育決

策的因素，重點關注於父母對於政策的知識、教育決策過程態度的因果關係，以及其對教育決策參與頻率態度的影響，該研究運用結構方程模型針對 997 位父母進行調查，研究結果顯示知識對態度具有直接影響，而對行為則僅具有間接影響。Lin 與 Williams（2016）以計畫行為理論為基礎，探討 139 位臺灣職前教師的知識、價值觀、主觀規範、感知的行為控制、態度與其 STEM 教育行為意圖關聯；結果顯示，就直接影響而言，高知覺行為控制和主觀規範與較強的 STEM 教學意圖有關；高積極態度和知識與高主觀規範和感知的行為控制有間接關聯，但會導致更強的 STEM 教學意圖。

國內相關教育研究與 TPB 相關的研究正逐漸起步，以科技部計畫為例，歐陽誾（2018）以 TPB 進行家長參與兒童家中電腦網路學習行為意圖及相關因素的調查研究，結果顯示家長參與行為意圖的理論模式與實證資料適配程度良好，家長參與之行為意圖、正面結果評鑑、電腦自我效能及家庭運用資訊科技機會等因素對家長實際參與行為有顯著直接效果，且家長參與兒童家中電腦網路學習的行為態度、主觀規範及知覺行為控制對其參與的行為意圖有顯著直接效果。

二、主觀規範與數學表現關聯研究

從上述的研究文獻可以證實，周遭重要他人的看法往往會影響行為的因應策略。因此，檢視學生數學學習的行為意圖，乃至其因應行為的決策上，計畫行為理論的預測力應具有探討的空間。國內數學教育的相關研究鮮少涉及學生的 TPB 研究，相對的，國外以此為主題的研究正逐漸起步中，例如：Moore 與 Burrus（2019）以 TPB 的數學信念和態度來探討美國大學入學考試十一年級和十二年級的 1,958 位學生選擇 STEM 大學專業和 STEM 職業的意圖。結果顯示，TPB 對於學生選擇 STEM 作為其專業和職業具有預測力，尤其是態度和意圖；針對不同性別分開檢視，發現男性和女性參與者的結果相似，但是女性的態度和興趣比男性參與者更具預測性。

　　由於國內數學教育研究鮮少有直接與 TPB 相關的文獻，筆者以數學學習態度、數學主觀規範，以及數學行為控制為關鍵詞在「臺灣人文及社會科學引文索引資料庫」進行期刊檢索搜尋。其中，數學學習態度的相關文獻最多，主要定義於學生對於學數學所持有的態度，包括了數學興趣、數學作業的態度、數學自我概念等等，在 TPB 的三個構念之中，國內此部分的文獻相當豐富（如李明璜、蔡文榮，2017；龔心怡、李靜儀，2016）。

　　另一個 TPB 構念也有許多國內研究文獻支持，結果指出知覺行為控制會影響學生的數學學習動機以及行為表現，例如：彭月茵等人（2005）指出國中生的目標層次、回饋訊息對數學工作表現與學習動機的影響會受到其控制信念的影響。當學生知覺到有高度的行為控制感時，其數學成就表現相對較佳（如賴英娟、巫博瀚，2019）。

　　以數學主觀規範進行檢索結果顯示臺灣目前缺乏相關期刊論文。筆者曾經以 PISA 2012 臺灣資料針對優勢社經但低成就的學生探討其數學主觀規範（父母與朋友）與學習表現的關聯，結果顯示，這一群特殊學生處於負面主觀規範的學習環境（林素微，2016）。父母、教師、朋友對於個人的學習成長以及相關學習信念的持有與發展的重要性不言而喻，雖然目前缺乏直接關聯的期刊論文，但這方向的研究應有值得開發的潛力。基於這樣的想法，筆者進一步個別針對這些重要他人來進行檢索，結果可以看到相當豐富的文獻。

　　以父母為例，由於家庭對一個人的發展影響甚鉅，國內已有諸多研究探討父母教養方式以及對學歷期望與學生的數學表現有所關聯（如李宜玫、蔡育嫻，2011；龔心怡等人，2009），適當的家長參與對於學生數學可能提升效益。

　　教師也是學生原生家庭之外的重要他人之一，如同韓愈所言：「師者，所以傳道、授業、解惑也。」除了課業的傳授之外，教師對於學生的學習有相當的影響力，此類相關的國內研究也有頗多的文獻（如丁學勤、曾智豐，2013；黃儒傑，2012），因此良好的師生關係應是教室

經營的一項重點。

　　家人和朋友關係都與較佳的總體健康和快樂有關，但隨著個人的社會化與成長，朋友的重要性顯得愈來愈重要。針對同儕與學習成效的關聯，從小學階段至高等教育，國內也提出相關的重要探討（如王玉珍、吳麗琴，2009；林淑君、王麗斐，2017；陳斐卿等人，2015）。

　　相信所有關心教育的人士都無法抹滅父母、教師和朋友對於學生學習的可能影響，但多數的研究僅著重於其中一個面向，鮮少同時從學習的社會脈絡觀點來檢視學生周遭重要他人對其學習的可能影響，例如：這些重要他人對於學習的認同與價值感是否會左右學生對於學習的看法？是否會進而影響學生對於學習的信念、態度、學習意圖和表現的決策？針對數學低成就學生，周遭的重要他人對於數學學習重視或者輕忽與否？透過社會脈絡的角度，探討人際關係和社會團體成員認同的環境所產生的獨特功能，進而理解這些獨特功能如何形塑學生數學學習的想法和行為，此重要議題應不容忽視，且須系統化的研究規劃來進行探討。

肆、課室中如何客觀蒐集學生的主觀規範

　　前述討論到重要他人的數學主觀規範對於學生的數學學習的動機、投入可能有所關聯。許多教師可能會問：「我（教師本人）除了提醒自己要注意有形無形中傳達給學生的數學價值觀等之外，如何可以更清楚、客觀地了解學生的主觀規範呢？」在本節中，將介紹教師如何客觀地蒐集學生對於數學學習的主觀規範，整體而言，可以從質性或者量化的角度來處理。例如：課室中，可以先知道學生對於數學學習的看法，進而探討學生對於教師、家長、同儕等的數學態度覺知。

一、質性訊息的蒐集

　　質性的問法，最常見的就是課室觀察或者是訪談學生，但此兩種對教師而言是相對耗時費力的方式，因為同一個時間內可以觀察或者晤談的學生數有限。以下，介紹一個學習單，讓教師在課堂中可透過質性訊息的蒐集，檢視學生對於數學的看法。這個問題是採一種隱喻的方式，透過數學是哪一種動物，做數學的你又是哪一種動物的對比，因為動物弱肉強食的食物鏈明顯可見，透過此種隱喻，可看出學生對於數學的看法。此類隱喻的問法適用的情境和對象很寬廣，無論針對學科，或者小學到大學生都可以嘗試。根據筆者的經驗，四年級以下的學生比較難理解此類的問題，可能是他們對於隱喻的掌握還不是很理解，教師可以針對問題多加詮釋後再來讓學生進行回答。以下是林柏宏（2004）的研究案例，他以五年級補救教學的學生為對象，問了以下問題：

　　1. 哪一種動物能代表你心目中的數學呢？畫畫看。

　　2. 如果數學代表上面的動物，那你認為你會是哪一種動物呢？畫畫看。

　　圖 3-3 呈現的是三位學生提供的答案。

　　有時從學生畫的圖，可能無法一眼就看出學生對於數學的觀感，教師可透過後續的晤談追問，或者直接製作一個學習單，讓學生畫出動物之外，可進而簡單陳述這兩種動物之間的關係。以下是林柏宏（2004）運用晤談所得的資訊，在此筆者整理成表 3-1 呈現之。

圖 3-3
參與補救教學學生的數學動物圖像

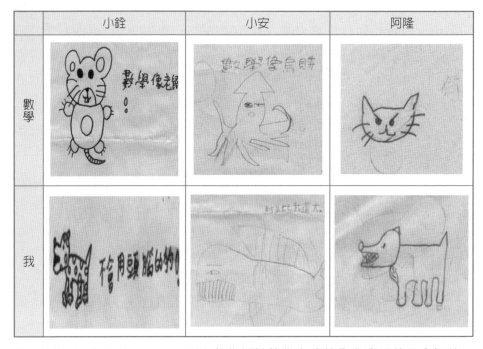

	小銓	小安	阿隆
數學			
我			

資料來源：林柏宏（2004）。**國小數學領域教學中連結作業應用效益之探討**。
　　　　　行政院國家科學委員會補助大專學生研究計畫研究成果報告（NSC
　　　　　92-2815-C-024-010-S）。

表 3-1
參與補救教學學生的晤談整理

學生	數學像……	我像……
小銓	數學就像是一隻討厭的「老鼠」，因為我不喜歡貓，所以我覺得數學就像一隻老鼠。	數學很討厭，而我很笨，所以數學就像老鼠，而我就是一隻「不會動腦的狗」，所以我抓不到「老鼠」。
小安	數學很麻煩，像「烏賊」一樣，好像有八隻腳一樣很纏人。	因為數學很像「烏賊」，所以我希望我是一隻「鯨魚」，鯨魚比烏賊大，就可以把烏賊吃掉。
阿隆	數學就像「貓」一樣，很難抓，也很討厭。	如果數學是「貓」，那我希望我是一隻「狗」，因為狗不怕貓。

學生	數學像……	我像……
阿魁	數學就像「蛇」一樣，很恐怖也很討厭；而且我很怕蛇，也不喜歡蛇。	如果數學是「蛇」，那我覺得我像一隻「青蛙」。因為青蛙很怕蛇，就像我怕數學一樣。

資料來源：林柏宏（2004）。**國小數學領域教學中連結作業應用效益之探討**。行政院國家科學委員會補助大專學生研究計畫研究成果報告（NSC 92-2815-C-024-010-S）。

　　而要調查學生的主觀規範，筆者建議可將問題改寫成如下：

　　1. 想想看，哪一種動物能代表你的父母（同學）心目中的數學呢？畫畫看。

　　2. 如果數學代表上面的動物，那你認為你的父母（同學）會是哪一種動物呢？畫畫看。

二、量化訊息的蒐集

　　量化訊息的蒐集，目前有很多已經發展的問卷題目，這些題目可能是採用李克特量表的方式，讓學生針對其同意的程度或者頻率來進行作答，透過這種方式，教師只要以簡單的計分，就可以初步掌握學生看法，了解學生對於教師、同儕，以及家長所傳達出來的數學主觀規範的感知狀態，作為後續的教學介入或者策略運用的參考資訊。以下以一些可能相關的主題作為示例，提供教室課堂中參考使用。其中，表3-2至表3-6呈現的是學生所感受到的「教師支持」、「數學課室規範」、「數學課室中的學習氛圍」、「父母的數學主觀規範」及「同學的數學主觀規範」。同時，筆者建議以李克特量表發展問卷時，教師可以在針對勾選框右下角作分數的註記，以利未來資料輸入時對於學生勾選意見的數據擷取會較為便利。

表 3-2
有關「教師支持」的問題示例

在你的數學課中，這些事情有多常發生？ （每一項請只勾選一個答案）				
	在所有 課堂上	在大部分 的課堂上	在一些 課堂上	從來或 幾乎沒有
1. 老師對每位學生的學習感興趣	☐ 1	☐ 2	☐ 3	☐ 4
2. 當學生有需要時，老師會給予 額外的幫助	☐ 1	☐ 2	☐ 3	☐ 4
3. 老師會幫助學生學習	☐ 1	☐ 2	☐ 3	☐ 4
4. 老師不斷教導，直到學生了解 為止	☐ 1	☐ 2	☐ 3	☐ 4
5. 老師給學生表達的機會	☐ 1	☐ 2	☐ 3	☐ 4

表 3-3
有關「數學課室規範」的問題示例

在你的數學課，這些事情有多常發生？ （每一項請只勾選一個答案）				
	在所有 課堂上	在大部分 的課堂上	在一些 課堂上	從來或 幾乎沒有
1. 老師會對我們的學習設定明確 的目標	☐ 1	☐ 2	☐ 3	☐ 4
2. 老師要求我或我的同學很詳盡 地表達我們的思考或推理	☐ 1	☐ 2	☐ 3	☐ 4
3. 老師要求我們幫忙規劃教室活 動或主題	☐ 1	☐ 2	☐ 3	☐ 4
4. 老師會提出問題來檢驗我們是 否理解老師所教的內容	☐ 1	☐ 2	☐ 3	☐ 4
5. 當我們有測驗、小考或作業 時，老師會說出他對我們的期 待	☐ 1	☐ 2	☐ 3	☐ 4

6. 老師針對我的數學優點及缺點給予回饋	$\Box_1$	$\Box_2$	$\Box_3$	$\Box_4$
7. 老師告訴我們，什麼是我們該學習的	$\Box_1$	$\Box_2$	$\Box_3$	$\Box_4$
8. 老師告訴我，讓數學成績變好該做些什麼	$\Box_1$	$\Box_2$	$\Box_3$	$\Box_4$

表 3-4
有關「數學課室中的學習氛圍」的問題示例

問題：在你的數學課中，這些事情有多常發生？ （每一項請只勾選一個答案）	在所有課堂上	在大部分的課堂上	在一些課堂上	從來或幾乎沒有
1. 同學都很專心聽課	$\Box_1$	$\Box_2$	$\Box_3$	$\Box_4$
2. 上課時，同學很喜歡討論數學	$\Box_1$	$\Box_2$	$\Box_3$	$\Box_4$
3. 同學會在課堂中分享他們的想法	$\Box_1$	$\Box_2$	$\Box_3$	$\Box_4$
4. 老師要等很久才能讓同學安靜下來開始上課	$\Box_1$	$\Box_2$	$\Box_3$	$\Box_4$
5. 同學不聽老師講課	$\Box_1$	$\Box_2$	$\Box_3$	$\Box_4$
6. 同學沒有好好上課	$\Box_1$	$\Box_2$	$\Box_3$	$\Box_4$

表 3-5
有關「父母的數學主觀規範」的問題示例

想一想，你的父母是怎麼看待數學：下列敘述你的同意程度為何？ （每一項請只勾選一個答案）	非常同意	同意	不同意	非常不同意
1. 我的父母親相信學數學對我很重要	$\Box_1$	$\Box_2$	$\Box_3$	$\Box_4$
2. 我的父母親相信數學對我的職業生涯很重要	$\Box_1$	$\Box_2$	$\Box_3$	$\Box_4$
3. 我的父母親喜歡數學	$\Box_1$	$\Box_2$	$\Box_3$	$\Box_4$

表 3-6

有關「同學的數學主觀規範」的問題示例

想一想，你的好朋友是怎麼看待數學：下列敘述你的同意程度為何？ （每一項請只勾選一個答案）				
	非常 同意	同意	不同意	非常 不同意
1. 我大部分的朋友數學成績都很好	□₁	□₂	□₃	□₄
2. 我大部分的朋友都認真學數學	□₁	□₂	□₃	□₄
3. 我的朋友都樂於參加數學考試	□₁	□₂	□₃	□₄

伍、結語

　　在本章中，我們重點介紹在學生與其重要他人的關係，從社會脈絡的角度定義的數學主觀規範，可能對學生參與學校數學學習的動機和投入有所影響。學生在與人互動時，他人（尤其是重要他人）的觀感，與他們的自主性和學習意向可能有交互作用存在。學生在課堂上對教師以及同學有強烈歸屬感，可能會比較有勇氣接受數學的挑戰，因為這樣的挑戰是安全的。數學主觀規範愈是正向積極，學生才能更有效率地發展數學自主性。畢竟，面對問題挑戰、提出解決方案的過程中，如果有機會相互交流、腦力激盪時，我們自然會學到更多。相對地，有些學習不佳的學生除了認知能力上的因素之外，有可能是因為他們不想在人們面前犯錯，當學生感受到同學對數學的排斥，也就是存有負面的數學主觀規範時，學生們在課堂上則寧願談論數學以外的任何東西，在這樣的情形下，數學主觀規範將會干擾數學學習。

　　學生的數學學習是動態的，不是固定的，因此在學習數學的情境中，多種環境因素，包括數學主觀規範都是一種動態的關係。從這個角度來檢視低成就學生的學習，如果我們僅以單一特定的時間點關心這些學生的表現關聯可能是不夠的，我們必須關心他們為何會變成需要補救

的低成就學生？這些低成就隨著時間產生什麼變化？是否可以從他們對於數學學習行爲的態度，以及周遭重要他人所構成的數學主觀規範找到某些規則或者預測力。

　　目前臺灣針對數學主觀規範的研究議題或者教學實務尚在起步。雖然如此，可以預見的是，在數學教學中，教師若能有目的地安排學生社交與課業需求融合的機會，讓學生在一個安全的氛圍中具有歸屬感，且有機會展示能力，也能從中獲得師生間的社會關注和建立共同的數學意義，相信這些都可以轉化爲參與數學的機會，進而促進他們的學習。

陸、參考書目

中文書目

丁學勤、曾智豐（2013）。影響國中階段貧窮學生學業表現之因素探析——以臺灣兒童暨家庭扶助基金會扶助對象爲例。**臺灣教育社會學研究，13**(1)，1-42。

于健，邱孟緘（2015）。以計畫行爲理論探討國小學童網路成癮行爲及相關因素。**管理資訊計算，4(2)**，29-46。

王玉珍、吳麗琴（2009）。大一生回顧升學生涯抉擇與生涯適應之脈絡相互影響模式探究。**中華輔導與諮商學報，25**，39-79。doi:10.7082/CJGC.200903.0039

呂宛蓁（2011）。計畫行爲理論於健身運動領域之應用。**中華體育季刊，25(2)**，290-296。doi:10.6223/qcpe.2502.201106.2010

李永祥、余宗龍（2014）。計畫行爲理論對大學生從事規律運動行爲之影響因素。**大專體育學刊，16**(1)，45-58。doi:10.5297/ser.1601.005

李宜玫、蔡育嫻（2011）。知覺父母回饋與國小高年級學童數學科考試失敗歸因之研究。**科學教育學刊，19**(2)，123-141。

李明璜、蔡文榮（2017）。數學能力分組教學對國中生學習成就與學習態度之影響。**教育科學期刊，16**(1)，100-130。

汪美伶、李灝銘（2010）。學校相關壓力對國中生學業成就之影響：內控信念之調節角色。**中華心理衛生學刊，23**(1)，1-33。doi:10.30074/

FJMH.201003_23(1).0001

林柏宏（2004）。**國小數學領域教學中連結作業應用效益之探討**。行政院國家科學委員會補助大專學生研究計畫研究成果報告（NSC 92-2815-C-024-010-S）。

林素微（2016）。**主觀規範型態與社經優勢學生數學表現的關聯探討**。「2016年第八屆科技與數學教育國際學術研討會暨數學教學工作坊」。臺中，國立臺中教育大學。

林淑君、王麗斐（2017）。偏鄉青少年完成高中職學業的促進因素研究：以某偏鄉國中畢業生為例。**當代教育研究季刊**，**25**(4)，127-171。doi:10.6151/CERQ.2017.2504.04

陳淑慈（2018）。教師將桌上遊戲融入教學之實施意願與影響因素——以彰化縣國小教師為例。**文化事業與管理研究**，**18**(1)，47-63。

陳斐卿、江家瑋、張鐵懷、黃佩岑、單維彰（2015）。數學自由擬題之設計與評量——一個合作的取徑。**科學教育學刊**，**23**(2)，185-211。doi:10.6173/CJSE.2015.2302.04

彭月茵、程炳林、陸偉明（2005）。目標層次、回饋訊息對數學工作表現與學習動機之效果：考量國中生的控制信念。**教育心理學報**，**36**(3)，265-286。doi:10.6251/BEP.20050108

黃儒傑（2012）。弱勢學生師生關係、社會支持及其學習任務價值之相關研究。**臺東大學教育學報**，**23**(2)，1-26。

歐陽誾（2018）。**家長參與兒童家中電腦網路學習行為意圖及相關因素之探討：計畫行為理論之應用**。科技部補助專題研究計畫成果報告（MOST 106-2410-H-024-015-）

賴英娟、巫博瀚（2019）。國小學童所知覺到的教師自主支持、教師心理控制、自我決定動機及學業情緒對學習投入之影響：以數學領域為例。**教育與心理研究**，**42**(4)，33-63。

龔心怡、李靜儀（2016）。國中學生數學自我概念與數學學業成就相互效果模式之縱貫研究——性別差異與城鄉差距之觀點。**科學教育學刊**，**24**（特刊），頁511-536。

龔心怡、林素卿、張馨文（2009）。家長社經地位與數學學習動機對數學學業成就之研究——以國中基本學力測驗數學領域為例。**彰化師大教育學報**，**15**，121-142。

英文書目

Ajzen, I. (1991). The theory of planned behavior. *Organizational Behavior and Human Decision Processes, 50*, 179-211.

Ajzen, I. (2005). *Attitudes, personality, and behavior* (2nd ed.). Open University Press/McGraw-Hill.

Ajzen, I. (2006). *Constructing a TPB questionnaire: Conceptual and methodological considerations.* http://www.people.umass.edu/aizen/pdf/tpb.measurement.pdf.

Armitage, C. J., & Conner, M. (2001). Efficacy of the theory of planned behaviour: A meta-analytic review. *British Journal of Social Psychology, 40*, 471-499.

Bandura, A. (1986). *Social foundations of thought and action: A social cognitive theory.* Prentice Hall.

Butler-Barnes, S. T., Estrada-Martinez, L., Colin, R. J., & Jones, B. D. (2015). School and peer influences on the academic outcomes of African American adolescents. *Journal of Adolescence, 44*, 168-181.

Deary, I. J., Strand, S., Smith, P., & Fernandes, C. (2007). Intelligence and educational achievement. *Intelligence, 35*, 13-21.

Fishbein, M., & Ajzen, I. (2010). *Predicting and changing behavior: The reasoned action approach.* Psychology Press.

Heaven, P., & Ciarrochi, J. (2012). When IQ is not everything: Intelligence, personality and academic performance at school. *Personality and Individual Differences, 53*(4), 518-522.

Karbach, J., Gottschling, J., Spengler, M., Hegewald, K., & Spinath, F. M. (2013). Parental involvement and general cognitive ability as predictors of domain specific academic achievement in early adolescence. *Learning and Instruction, 23*, 43-51.

Lin, C.-W. (2012). The effects of policy knowledge on attitudes and behaviors towards participation in educational policy-making among parents: A structural equation modeling approach. *Education, 132*(3), 484-498.

Lin, K. Y., & Williams, P. (2016). Taiwanese preservice teachers' science, technology, engineering, and mathematics teaching intention. *International Journal of Science & Mathematics Education, 14*(6), 1021-1036. https://doi.org/10.1007/s10763-015-9645-2

Lipnevich, A. A., MacCann, C., Bertling, J., & Roberts, R. D. (2012). Emotional reactions to schools: Relationships to academic outcomes. *Journal of Psychoeducational Assessment, 30* (4), 387-401.

Lipnevich, A. A., Preckel, F., & Krumm, S. (2016). Mathematics attitudes and their unique contribution to achievement: Going over and above cognitive ability and personality. *Learning & Individual Differences, 47*, 70-79. https://doi.org/10.1016/j.lindif.2015.12.027

Moore, R., & Burrus, J. (2019). Predicting STEM major and career intentions with the theory of planned behavior. *Career Development Quarterly, 67*(2), 139-155. https://doi.org/10.1002/cdq.12177

Vygotsky, L. S. (1978). *Mind in society: The development of higher psychological processes.* Harvard University Press.

第四章

從認知負荷理論探討數學低成就學生的教與學

吳慧敏

佛光大學心理學系副教授

學習，是一個知識與能力累積的歷程，也是一個複雜的大腦運作工程。人類的大腦負責整合感覺器官所接收的訊息和已儲存的訊息，經一連串的處理後，部分的訊息成為我們長期記憶的一部分，作為我們下次與環境互動時的資源，然而，在這一連串的訊息處理過程中，每個人大腦所處理、理解與記憶的訊息卻不同，展現在學習上的則是不同的學習成就。學習是一個內在歷程，發生於學習者的大腦，而教師及學習材料之呈現方式是影響學習的外部因素，它們是如何影響學生的訊息處理與學習呢？這正是認知負荷理論所探討的問題。本章先簡介認知負荷理論及其理論基礎，並以此說明低成就學生的行為表現與情意反應，最後討論教師如何管理教學過程中的認知負荷，以提升學生的學習成效及降低學習挫折感。

壹、認知負荷理論

一、什麼是認知負荷理論

認知負荷是指個體在執行一個任務時，工作記憶的負載或需要用到認知資源的情形。認知負荷理論由澳洲學者 John Sweller 的研究團隊所提出（Clark et al., 2006），是以演化心理學和認知心理學為基礎的教學理論，特別關注教學過程中如何影響學習者的認知負荷，以及如何有效提升學生的學習。

二、認知負荷理論的理論基礎

（一）演化心理學 —— 演化觀的知識發展原則

Sweller 與 Sweller（2006）認為人類的知識發展歷程和生物進化有類比的關係，他們整理出五大原則，簡介如下：

1. 訊息儲存原則

人類需要長期記憶，長期記憶中的知識庫讓我們在面對環境時知道採取什麼必要的行動，學習就是為了增加長期記憶知識庫，而教學的目

的是要促進學習者長期記憶的基模建構與成長。

2. 借用與重組原則

人類需要大量的知識，獲得知識最快速有效的方法就是借用他人的長期記憶知識。我們閱讀、模仿他人、問人、上網找資料等等，基本上就是一種借用與重組的原理。長期記憶是以基模的形式存在，從別人身上借來的知識與自己長期記憶中的知識結合建構出新的基模，不一致的訊息刪除而強調新訊息中與先備知識相容的部分，所以借來的訊息被重組過。

3. 隨機生成原則

當沒有可借用的知識時，人們會使用本能的問題解決法——嘗試錯誤，隨機測試可行性，所以隨機生成也是新知識產生的方式之一，但這是建立在既有的基礎上，因此建立長期記憶的知識庫有助於創新。

4. 改變有限性原則

在隨機生成的過程中，如果沒有已知的相關知識可以讓我們組織資訊及推估哪些組合可能成功，哪些可能失敗，所產生的隨機組合會隨改變量的增加而倍數增加，讓問題解決變得困難。因此，學習的改變量須立基在有限的基模改變之上。

5. 環境組織與連結原則

人類在特定環境時，特定的長期記憶會被激活，即我們把所學的知識和環境產生連結，應用儲存在長期記憶的知識與環境互動。這個原則的教學意涵是學習要和環境產生連結；教學時要引導學生將學習及已學和環境產生連結，所學只有在被使用時才會發揮作用。

綜合上述演化觀的知識發展原則，建立長期記憶的知識庫有利學習新知及知識創新，對於缺乏相關知識與經驗的低成就學習者，教學上善用借用與重組原則及環境組織與連結原則有利其知識發展。

（二）認知心理學——人類認知系統的特性

人類認知系統的運作起於感官接收到訊息後傳至大腦，然後產生

一系列認知處理，分別產生感官記憶、工作記憶和長期記憶。工作記憶階段有二大限制：容量有限及保存時間有限，即一次無法同時處理太多資訊，進入工作記憶區的資訊若沒有使用策略（如複誦），很快就會遺忘。工作記憶的容量有多大？Cowan（2001）指出，工作記憶的主要功能是處理訊息，「處理」也會占用資源，工作記憶的容量應該是大約四個有意義的項目或組塊（chunks）。

　　工作記憶的材料保存期限是多久？Sternberg（2003）指出一般而言，如果沒有複誦，工作記憶中的材料大約保留 30 秒，因為此特性，所以工作記憶又稱為短期記憶。這是為何重要的資訊、教新概念或新學習內容時，需要以任何的形式、不同的形式複誦，更重要的是這些複誦是發生於學習者的大腦，確保它在學習者的記憶系統留下記憶痕跡。

　　工作記憶無法處理所有的感官訊息，所以認知系統選擇性的處理部分進入感官的刺激或訊息。許多因素會影響訊息是否吸引注意力而進入意識的處理，例如：突出、動態或自我相關的訊息。我們對進入意識的訊息進行編碼，讓它變成有意義的訊息。產生意義的編碼即是一種資訊組織的歷程，將來自不同感官及長期記憶的資訊加以整合，讓工作記憶可以更精簡地表徵這些資訊，減低工作記憶中的負荷，並有利複誦及進一步的處理。在意義編碼的過程中，如果刺激是熟悉的，會激發長期記憶中相關的資訊，因此可以加速編碼的過程；相反地，若意義編碼時無法從長期記憶提取相關訊息，則須進行由下而上的處理歷程（bottom-up），也稱為資料導向的處理（data-driven），亦即透過解讀與組織當下的訊息使成為有意義的資訊。

　　另一方面，長期記憶的知識在訊息處理中也可能扮演干擾的角色。當我們接收到訊息時，大腦的自動連結會激發相關的記憶，因此相關的資訊會被整合到現在正處理的資訊中，如果先前的學習存在錯誤概念，當它被自動的整合到當前正在處理的訊息中時，將產生干擾或記憶扭曲。亦即，學習是工作記憶與長期記憶交互作用的結果。

　　相關文獻（如張新仁，2001）指出低成就學生常有的特徵包括：

缺少學習技巧與策略，需要比一般學生較多的時間理解及完成作業任務；不喜歡家庭作業，常遲交或抄同學的作業、容易分心、不專注、缺乏動機。這些問題的背後隱藏的是缺乏相關的知識與學習技能，理解前述演化觀的知識發展原則及人類認知系統的特性，有助我們理解低成就學生在學習上的負面情意與行為表現。從認知負荷理論的角度，讓學生學會學習的策略與技巧，以及有效地習得基本知識與概念是教師的責任，如果能讓學生有效學習及從學習中得到成就感，便能減少學習中的動機問題及學習過程中的負面情緒、學習行為與表現。

三、認知負荷的類別與來源

Sweller 等人（1998）認為認知負荷有三種類型：內在認知負荷（intrinsic cognitive load）、外在認知負荷（extraneous cognitive load）和有效認知負荷（germane cognitive load）。這三類的負荷也說明了在學習過程中，教師、教材和學習者間的互動如何交互影響學習歷程。

（一）內在認知負荷（intrinsic cognitive load）

是指因任務或教材內容結構的複雜度造成的工作記憶負載情形，愈複雜的教材內容認知負荷也愈重。依據 Sweller（2010），所謂的複雜度是受元素互動性高低的影響。元素是指一個要學或已學的概念或原理，元素互動是指元素和元素之間交互指涉的情形。內在認知負荷主要受教材本身複雜度的影響，也受學習者的專業知識程度的影響。

（二）外在認知負荷（extraneous cognitive load）

是指因教材呈現的方式而產生的認知負荷，這不是教材本身的難度所產生的負荷，是外加的，所以稱為外在認知負荷。例如：我們要學生進行二位數有進位的加法（24 + 67），我們可以有不同的表徵方法如用（不同的語速）唸的、用物件、用（直式或橫式）寫的，我們要處理的內在認知負荷是一樣的，但呈現的方式會影響我們大腦處理時的負荷

情形。因此外在認知負荷主要是受教學者或教材呈現方式的影響，也是教學者必須特別注意的。

（三）有效認知負荷（germane cognitive load）

又稱增生負荷，是指來自於我們為基模建構或基模自動化所做的心智努力，這種努力雖然會增加學習者在學習歷程中的認知負荷感，但能促進學習，即所謂「好」的負荷，但只有在這三種認知負荷未超過學習者的負載能量時，適當的引入有效認知負荷才能有效提升學習表現。因為這些不同來源的認知負荷具有累加性，所以加總的負荷若超出認知系統的負荷，會造成認知系統無法處理訊息。人類的工作記憶受認知資源限制的影響，因此，如果內在認知負荷和外在認知負荷的加總已占了大部分認知資源，學習者可用於基模建構的資源就會非常有限；但如果內在認知負荷很低的話，高度的外在認知負荷就不重要，儘管使用沒有效率的教學流程，仍有充分的認知資源可以用於學習。

從認知負荷理論的角度，學習的關鍵在學習者投入多少認知資源於與基模建構有關的認知活動（即有效認知負荷），但教學內容（內在認知負荷）和教學的呈現（外在認知負荷）對學習者的認知負荷有重要影響力，甚至後二者決定了學習者有多少認知資源可以進行有效認知負荷的活動。因此從認知負荷理論的角度，教師面對如何協助數學低成就者時，教學的重點不在於讓學習者沒有認知負荷或單純的減少認知負荷，因為不動腦、不處理資訊、不思考就沒有認知負荷的問題，而是有效的管理認知負荷，最佳化認知資源的使用。影響學習的不只是學習者在過程中「做」了什麼，更重要是學習者的大腦「處理」什麼及如何處理。學習低成就的學生可能在先備的經驗與基礎上已居於不利的地位，學習的活動內容需要更精緻的設計，教學呈現方式須考量工作記憶的限制，讓學生有限的認知資源用於處理與學習目標有關的內容。即活動要減少不必要的外在認知負荷（extraneous cognitive load），管理內在認知負荷（intrinsic cognitive load），和將認知資源用於促進有效認知負荷（germane cognitive load）。

貳、針對數學低成就學生的認知負荷管理之教學

　　低成就者的最大特性是缺乏相關基模，因此若教學者忽略教材的組織與呈現時可能產生的內、外在負荷，二者的負荷可能已讓學習者沒有多餘的認知資源可進行有效認知負荷處理。以下簡介認知負荷理論實徵研究支持的教學設計及實例。

一、降低外在認知負荷的教學設計與實例

（一）善用工作範例

　　工作範例是指步驟化呈現專家如何完成一個任務或解決問題的方法，亦即提供解題的示範。相關研究（如 Sweller & Cooper, 1985）顯示，提供學習者工作範例研讀，比給予傳統的問題解決練習，可得到更好的學習成效，此即所謂的工作範例效應（worked example effect）。這也是借用與重組原則的使用，工作範例可減少學習者使用隨機生成的方式嘗試錯誤，將認知資源用於學習他人的成功經驗。

　　傳統的學習方式是教師用一、二個範例講解概念後，就要學生做很多的練習，且練習的題型變化很大（黃佑家，2013）。依據前述認知系統的特性，教師用一、二個例子講解概念時，學生以自己的基模建構概念，例如：課本或教師常用典範圖形講解「高」的概念，學生看到的是具體的高畫在哪裡，而不是教師對高的概念之抽象描述，因此當學生解題需要畫高或找高時，常常是模仿動作而不是依據概念，因此出現錯誤或迷思概念，或在非典範圖形時便不會作答。在概念不穩的情況下讓學生去做很多的變化題型解題練習，可能只是在練習錯誤的概念，且因為不斷的練習而強化錯誤的概念，反而需要更久的時間才能更正。從事課後班工作或補救教學的人常常會遇到的是學生會直接問要怎麼做，如果鼓勵他們要自己先想，有些人可能就在那兒發呆或想抄他人的答案。因此對於缺乏先備知識者或低成就的學習者，工作範例有助於他們快速建立基模，已有很多研究顯示低成就者適合工作範例的學習模式

（如 Sweller & Cooper, 1985; Zhu & Simon , 1987；林玉川，2013）。

為了提升工作範例成效，在使用上也有一些注意事項。

1. 工作範例適用時機

工作範例的策略適用於當學生在該領域是初學的新手或缺乏相關基模時。如果學生已有相關的知識，多餘的解題示範反而會阻礙學習，稱為專家反轉效應（expertise reversal effect），意即原本對初學者有用的策略對先備知識較豐富的人反而是一種阻礙，反之亦同。大部分的工作範例研究是以個別學習的模式進行，但此模式並不排除學生可以小組研讀討論為何範例如此作答，提出他們的說明（自我解釋原則），教師再做概念統整，這是另一種形式的借用與重組原則之應用。

2. 工作範例需要搭配練習

為避免學習者看工作範例後以為自己理解了，但事實上並沒有真正的理解或沒有試圖深度的理解學習內容，因此範例之後需要有練習。有人可能會疑問，先請學生自己練習解題再看範例有差別嗎？意即解題練習和範例研讀順序有差嗎？相關研究（如鐘瑩修，2012；吳權展，2012；林玉川，2013；吳易親，2014）顯示，範例─練習的排列順序不會影響最終的學習成效，但會影響過程中的答對率、認知負荷感和學習的情意面（如投入努力、信心、喜歡、學習意願）。鐘瑩修（2012）的研究發現當任務愈難（內在認知負荷愈高）時，先看二個範例再做二個練習（WWPP）學習過程中的表現會優於解題練習─範例─解題練習─範例（PWPW），也優於範例─解題練習─範例─解題練習（WPWP）。表示愈複雜的任務時，多看一次相似的範例（複誦）可強化學習，有較低的認知負荷感，進而影響其學習的情意面。林玉川（2013）綜合學習成效、認知負荷與動機指出，低成就學生在先範例再練習（WP）的模式下感知的認知負荷較低，態度動機（喜歡、信心、投入努力）都較先解題再看範例（PW）組正向，高成就組則相反。所以整體而言，在個別學習的情況下，高成就組適合先解題再看範例，而低成就組適合先看範例再解題。

3. 提供歷程步驟化指引

指呈現解題歷程的步驟化引導，提示學生先完成什麼再完成什麼。研究顯示提供歷程指引的工作範例有助於學習遷移（如 van Gog et al., 2004）。歷程指引提供「為何」（why）及「如何」（how）的資訊，學習者一次聚焦在一個重點，且同時學習解題的策略思考。許文清（2013）的研究中先練習解題再看範例效果優於先範例再解題，可能原因即是範例多了解題的程序指引，圖 4-1 和圖 4-2 是許文清研究的工作範例與練習之示例。

圖 4-1
提供程序步驟指引的工作範例

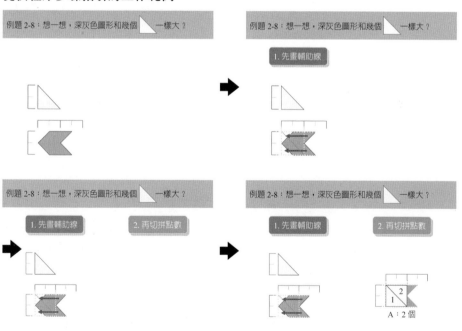

資料來源：取自許文清（2013）實驗材料。

圖 4-2
練習題

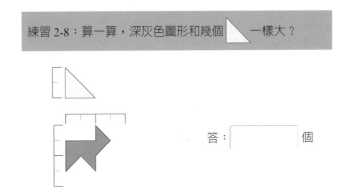

練習 2-8：算一算，深灰色圖形和幾個 ◤ 一樣大？

答：　　　　　個

資料來源：取自許文清（2013）實驗材料。

（二）避免分散注意力

教學過程中，教師常會為了增加學習者的興趣或引起動機而呈現一些與學習目標無直接相關的內容，這類的資訊要避免與主要學習內容一同呈現，以免干擾注意力。除此之外，若多元的訊息（如圖形和文字訊息）是理解概念或解題所必需的，須避免以分散注意力的方式呈現，因為分散注意力會增加外在認知負荷。

如何避免分散注意力？可以使用二種策略：

1. 整合策略

將原本分散在不同地方的資訊，整合在理解該訊息須整合的地方（如圖 4-3），訊息整合可減少來回搜尋，減少外在認知負荷。另外，如果學習的材料內在認知負荷量低，分散注意不會對學習產生負向作用。

圖 4-3
整合型的工作範例

範例 6：想一想，如果大方框可以用 24 格正方形方塊填滿，
請問灰色部分一共有多少格？

正方形方塊是一格

範例 6：想一想，如果大方框可以用 24 格正方形方塊填滿，
請問灰色部分一共有多少格？

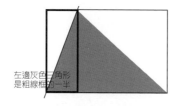

正方形方塊是一格

左邊灰色三角形
是粗線框的一半

範例 6：想一想，如果大方框可以用 24 格正方形方塊填滿，
請問灰色部分一共有多少格？

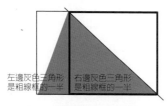

正方形方塊是一格

左邊灰色三角形　　右邊灰色三角形
是粗線框的一半　　是粗線框的一半

範例 6：想一想，如果大方框可以用 24 格正方形方塊填滿，
請問灰色部分一共有多少格？

所以整個灰色圖形是大方框的一半

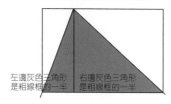

正方形方塊是一格

左邊灰色三角形　　右邊灰色三角形
是粗線框的一半　　是粗線框的一半

灰色圖形共有
24÷2 = 12 格

資料來源：取自鐘瑩修（2012）的實驗材料。

2. 形式策略（雙感官策略）

這是使用不同感官的媒體的形式，將需要了解的不同來源之訊息，以不同感官的形式呈現，可以減少外在認知負荷。人類的工作記憶有二個獨立處理但又互相連結的處理系統，一個負責處理語文的訊息，一個負責處理圖像的訊息，它們有各自獨立的容量與時間限制，因此雙感官的運用可以擴大工作記憶容量（Sweller et al., 2011）。相關研究也顯示雙感官的呈現模式優於單一感官訊息呈現，此即形式效應（modality effect）。Mayer（2009）的多媒體學習的認知理論顯示，雙感官資訊有利資訊整合及提供多管道的回憶線索。另外，不管使用哪種感官訊息，要注意可能產生的瞬時效應（transient effect），即訊息瞬間消逝。如果學習者還需要這些資訊，就需要使用複誦的方式保存它，如果沒有外顯形式呈現，就需要將它存在工作記憶中，隨著資訊累積，將超過工作記憶負荷。

（三）善用開放目標效應

開放目標是指給予學生沒有特定目標的問題，而是讓學生利用已知求出所有可以算出的答案（如圖 4-4）。給予限定目標時，學生需要知道現在的狀態、目標、次目標、可能的解題步驟或操作，這些都需要工作記憶的認知資源；但如果不設定目標，而讓學生盡可能的解出他們可以解出的答案，這個策略下學生每次只須考慮一種狀態，認知負荷相對比較低。研究顯示學生用這種開放目標的方式解題，在遷移題時表現得比傳統的問題解決更能產生學習，此為開放目標效應（goal-free effect）（Sweller et al., 2011）。這個策略適用於解決方式之數量是有限的領域，以及那些所求出的解決方式是和與基模建構有教育性相關的領域。

圖 4-4
開放目標的問題

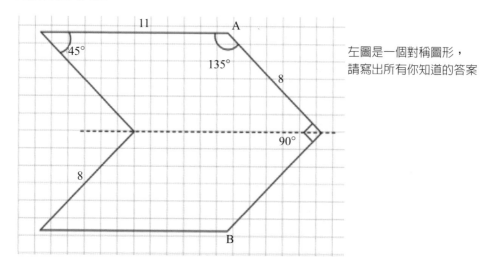

左圖是一個對稱圖形，
請寫出所有你知道的答案

　　鐘瑩修（2013）應用此原則設計於面積點數教學後的開放題如圖
4-5。

二、管理內在認知負荷的教學設計原則

　　前述人類認知系統的特性及工作記憶的限制在教學上很重要的啟
示是，給予低成就者的學習任務須考量其內在認知負荷量，降低外在認
知負荷的目的是為了釋放出更多認知資源作為有效的認知處理，但如果
學習的任務本身很複雜，內在認知負荷可能已占用了大部分的認知資
源，將無足夠的資源進行有效認知負荷的處理，因此需要透過改變教材
的組織或教材的編序來改變內在認知負荷。認知負荷理論的相關研究提
出了因應內在認知負荷的策略。

（一）獨立互動元素策略或前訓練

　　即把高元素互動性的教材先以沒有元素互動性的情形呈現，然後
再呈現有互動的情形，學習效果更好（Pollock et al., 2002）。例如：

圖 4-5
鐘瑩修的點數開放問題

班級：_____座號：_____姓名：_____　　　班級：_____座號：_____姓名：_____

◎接下來，請小朋友運用在前三節課所學到的方法與概念，來完成這個題目。

■ 這樣的正方形方塊是一格，小朋友，請你在每個方格板上畫出共有 4 格的圖形，能夠畫越多越好。

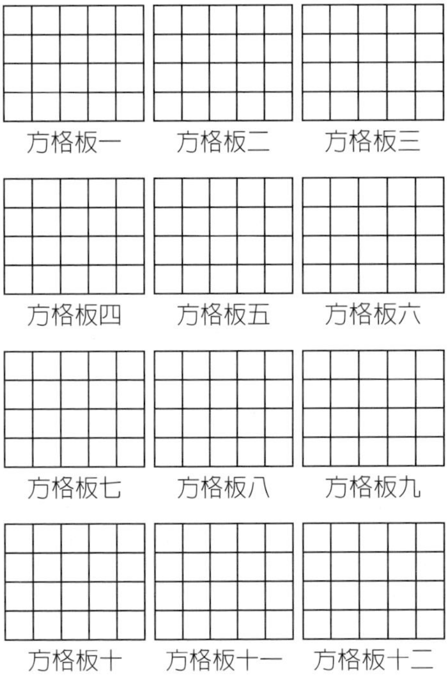

◎接下來，請小朋友運用在前三節課所學到的方法與概念，來完成這個題目。

□ 這樣的正方形方塊是一格，小朋友，請你在每個方格板上畫出共有 1/2 格的圖形，能夠畫越多越好。（要把 1/2 的範圍塗滿顏色）

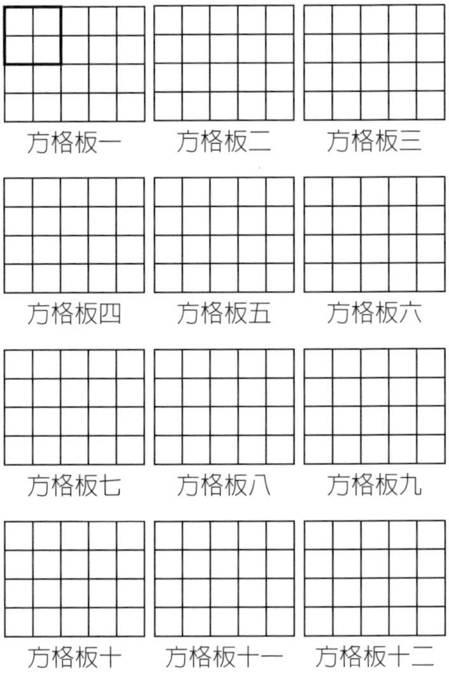

方格板一　　方格板二　　方格板三　　　　方格板一　　方格板二　　方格板三

方格板四　　方格板五　　方格板六　　　　方格板四　　方格板五　　方格板六

方格板七　　方格板八　　方格板九　　　　方格板七　　方格板八　　方格板九

方格板十　　方格板十一　　方格板十二　　　方格板十　　方格板十一　　方格板十二

學生在平行四邊形、三角形和梯形的面積問題時，常常是不知道高在哪裡，就可以先練習在不同的圖形表徵中找高，再進入面積的問題。又學習複合圖形面積計算時，學生常常無法切割成可計算面積的圖形、搞混面積公式，可以針對學生的困難獨立練習，甚至可以把機械化的練習遊戲化增加練習的樂趣。吳慧敏等人（2019）設計一款「瓜分天下」的

桌遊，練習圖形的切割，因為訓練的元素互動量降低，因此用遊戲的方式進行，增加有趣性及達到訓練的目的。又針對面積公式問題設計一款「圖形撿紅點」的桌遊，以面積在 10 以內的基礎圖形，綜合熟練基礎圖形的面積公式，讓學生在遊戲中複習各種圖形的面積公式。以上桌遊的相關材料與玩法說明可在 https://reurl.cc/Kr7rLp 取得。

　　以上所提的桌遊雖是遊戲，但設計的方式是獨立出要訓練的目標，讓學習者聚焦在與基模建構有關的元素上。因為內容聚焦單一的訓練目標，再以遊戲的方式進行，低成就的學生也可以很投入並從中學習，會想再玩；且若遊戲是以異質能力小組合作，低成就的學習者可以從同儕身上學到策略與技巧（借用與重組原則）。

（二）模件組合原則（molar-modular）

　　類似獨立互動元素原則，是將高元素互動或高複雜的學習內容，將其程序分成數個含元素互動的模件或單元（module），以減少每個模件中同時必須被處理的元素，如此可以減少訊息的元素互動性的量而減少內在認知負荷，此種方式會比一開始就給完整的程序模式（molar approach）得到較佳的學習效果（Gerjets et al., 2004）。

　　管理內在認知負荷原則可思考為教材結構的系統化組織，以及強化先備基模的一個程序，先建立基本基模，再藉由基本基模的組合，習得更複雜的基模。教材的編序如此，解題過程也是如此。圖 4-6 是國小體積常見的學習內容，教師在教學過程中可能都有 a 到 d 的相關教學或練習，但從認知負荷理論的角度，它們是涉及不同內在認知負荷的學習模件及學習目標，同樣的教學內容，不同的編序，教學效果及學生感知的認知負荷也會不同。

圖 4-6

不規則體積計算教學

數數看，下圖中，有幾個正方體積木？　　　　　數數看，一共有幾個正方體積木？

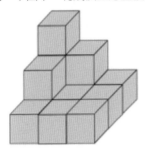

a

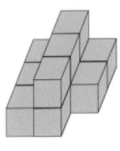

b

數數看，下圖中，有幾個正方體積木？

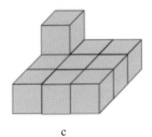

c

下列三個物體都由 組成，請問哪一個物體的體積最大？

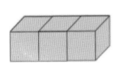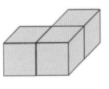

d

三、增加有效認知負荷的教學策略

（一）善用完成問題或指引漸退策略

爲了增加學習者投入的努力程度，或隨著學習或練習的增加，給予學習者需要的引導要愈來愈少，而使用完成問題策略或指引漸退策略。指引漸退是逐步減少給予的示範而增加學習者要完成的步驟，最後學習者要完成一個完整的問題。例如：第一次給予完整的工作範例，第二題時學習者要完成最後一步，第三題學習者需要完成最後二步，依此類推，最後獨立完成一個類似的新問題。也有採用相反的程序，即工作範例後的第一個問題，學習者要先完成第一步，第二題時完成前二步，依此類推，此爲前向指引漸退（forward fading），而前者稱爲後向指引漸退（backward fading）。研究指出後向指引漸退效果優於前向指引漸退（Renkl, 2005）。

（二）妥善使用變化例子效應

變化例子是指學習的元素維持穩定但增加範例特徵上的變異性。研究顯示，如果所使用的例子都有相同的結構特徵，會比例子都是不同特徵的情況更快學會這些概念和流程，但是學生卻可能無法將所學到的概念或知識遷移到新的問題。變化例子會增加認知負荷感，但能夠增加理解及遷移，此爲變化效應（variability effect）。如圖 4-7 的例子中，學生要學習的元素是相同的，但題目的表徵有變化。研究顯示變化例子可以有較好的學習效果（Paas & Van Merrienboer, 1994）。但變化例子必須是在所有互動元素是在工作記憶的負荷內可以處理時，且須注意所變化的例子仍具相同結構或學習元素。

圖 4-7
變化例子表徵示例

哪一個選項是計算下圖面積的算式？ ① a×b÷2　② c×b÷2　③ c×a÷2 ④ a×d÷2 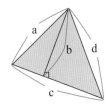	哪一個選項是計算下圖面積的算式？ ① a×b÷2　② c×b÷2　③ c×a÷2 ④ a×d÷2 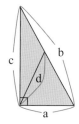
哪一個選項是計算下圖面積的算式？ ① a×b÷2　② c×b÷2　③ c×a÷2 ④ a×d÷2 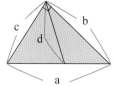	哪一個選項<u>不</u>是計算下圖面積的算式？ ① a×b÷2　② c×d÷2　③ b×a×$\frac{1}{2}$ ④ a×d÷2 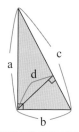

參、結語

　　認知負荷理論認為對於初學者，範例式的學習會比解題式的學習有效率，Sweller 與 Sweller（2006）稱此為借用與重組原則，範例和練習的順序不會影響最終的學習成效，但會影響學習者過程中的認知負荷感與學習的情意面（如喜歡、有信心、投入努力）。因此對於數學低成就的學習者，適合用工作範例式的學習，特別是有提供精簡解題步驟提示的工作範例。

　　本文所探討的範例式學習都是有範例後緊接著練習，或練習解題後緊接著有範例，學生可以一開始就從範例學習減少錯誤，或練習的錯誤之後有範例可以學習，因此學習過程中的差異表現在最終的學習成就檢驗中會消失，但學習過程中的認知負荷感卻影響他們學習的情意面。

　　教學的主要目的是要促進學習者長期記憶的基模改變，工作範例的主要目的是要讓學生快速建立基模，然後給予機會考驗基模的有效性。例如：在遊戲中應用與複習，或解決生活中問題。簡言之，從認知負荷理論的角度，學習的主要目的是要促進學習，因此教師要問的是：我們的教學是否能讓學生有效率地建立基礎的基模以作為進階學習的基礎，我們的教學設計與策略能否讓學生最佳化地使用其有限的認知資源於從事有效認知負荷的活動。

肆、參考書目

中文書目

吳易親（2014）。**適性工作範例模式對學生學習成效與認知負荷影響之研究──以「高」為例**。國立臺北教育大學數學暨資訊教育學系碩士論文。

吳慧敏、黃暉娟、羅廷瑛（2019）。**國小數學補救教學之遊戲式合作活動與活動式作業之設計與成效評估**。執行中科技部計畫。

吳權展（2012）。**工作範例呈現順序與解釋方式對國小三年級面積單元學習成效及認知負荷之影響**。佛光大學學習與數位科技學系碩士論文。

林玉川（2013）。**工作範例之教學順序對學生學習成效與認知負荷影響之研究──以圓複合圖形面積為例**。國立臺北教育大學數學暨資訊教育學系碩士論文。

張新仁（2001）。實施補救教學之課程與教學設計。**教育學刊**，**17**，85-106。

許文清（2013）。**工作範例之教學順序對學生學習成效與認知負荷影響之研究──以面積覆蓋活動為例**。國立臺北教育大學數學暨資訊教育學系碩士論文。

黃佑家（2013）。**工作範例加反思問題對不同能力學生學習成效、認知負荷與動機影響之研究**。佛光大學學習與數位科技學系碩士論文。

鐘瑩修（2012）。*工作範例與解題練習呈現順序對學生面積基本概念學習成效與認知負荷影響之研究*。佛光大學學習與數位科技學系碩士論文。

英文書目

Clark, R. C., Nguyen, F., & Sweller, J. (2006). *Efficiency in learning: Evidence-based guidelines to manage cognitive load*. John Wiley & Sons.

Cowan, N. (2001). The magical number 4 in short-term memory: A reconsideration of mental storage capacity. *Behavioral and Brain Sciences, 24*, 87-114.

Gerjets, P., Scheiter, K., & Catrambone, R. (2004). Designing instructional examples to reduce intrinsic cognitive load: Molar versus modular presentation of solution procedures. *Instructional Science, 32*(1), 33-58.

Mayer, R. E. (2009). Multimedia learning (2nd ed.). Cambridge University Press.

Paas, F., & Van Merrienboer, J. J. (1994). Variability of worked examples and transfer of geometrical problem-solving skills: A cognitive-load approach. *Journal of Educational Psychology, 86*, 122-133.

Pollock, E., Chandler, P., & Sweller, J. (2002). Assimilating complex information. *Learning and Instruction, 12*(1), 61-86.

Renkl, A. (2005). The worked-out examples principle in multimedia learning. In R. E. Mayer (ed.), *The Cambridge Handbook of Multimedia Learning* (p.229-245). Cambridge University Press.

Sternberg, R. J. (2003). *Cognitive Psychology* (3rd ed.). Thompson Wadsworth.

Sweller, J. (2010). Element interactivity and intrinsic, extraneous, and germane cognitive load. *Educational Psychology Review, 22*(2), 123-138.

Sweller, J., & Cooper, G. (1985). The use of worked examples as a substitute for problem solving in learning algebra. *Cognition & Instruction, 2*, 59-89.

Sweller, J., & Sweller, S. (2006). Natural information processing systems. *Evolutionary Psychology, 4*, 434-458.

Sweller, J., Ayers, P., & Kalyuga, S. (2011). *Cognitive load theory*. Springer.

Sweller, J., van Merrienboer, J. J., & Paas, F. G. (1998). Cognitive architecture and instructional design. *Educational Psychology Review, 10*, 251-296.

Van Gog, T., Paas, F., & Van Merriënboer, J. J. (2004). Process-oriented worked examples: Improving transfer performance through enhanced understanding. *Instructional Science*, *32*(1), 83-98.

Zhu, X., & Simon, H. (1987). Learning mathematics from examples and by doing. *Cognition and Instruction*, *4*(3), 137-166.

第五章
低成就學生的數學後設認知與學習表現

林原宏

國立臺中教育大學數學教育學系教授

　　後設認知（metacognition）是影響數學低成就學生數學表現的重要因素之一，低成就學生的數學學習表現不佳，有時是因爲其數學後設認知運作有所不足。數學學習的結果屬於認知的範疇，而數學後設認知則是扮演數學認知運作的監控與管理的角色。例如：學生在數學學習過程中，需要應用後設認知來監控本身是否理解；學習後的數學解題時，則需要管理自己的解題策略俾以正確解題。本章第一節先針對後設認知的理論及對數學的學習進行闡述，第二節說明數學低成就學生解題的數學後設認知，第三節探討提升低成就學生解題的數學後設認知之有效策略。

壹、後設認知理論及在數學教育的意涵

一、後設認知的理論基礎

　　認知心理學（cognitive psychology）興起於 20 世紀中期，探討認知、思考、記憶、學習、決策等心理認知運作過程與機制，其後逐漸影響數學學習的探討。J. H. Flavell 在 1967 年首先提出「後設認知」（metacognition）一詞，後設認知是指個人對認知活動的理解、意識與監控的歷程。後設認知也稱爲「認知監控」，是指個人對自己的認知歷程能夠掌控、監督與評鑑的認知（國立編譯館，2001）。meta 一詞是指「之後」、「再次」的意義，所以後設認知也可以說是「認知的再認知」。

　　Flavell（1981）將後設認知分爲：(1) 後設認知知識（metacognition knowledge）：指的是與認知有關，用來處理認知事件的知識，經由經驗累積而得到，是個人既存知識的一部分；(2) 後設認知經驗（metacognition experience），是指個人從事認知活動後，獲得認知與情意的知覺經驗。Flavell（1981）認爲後設認知經驗「特別容易發生於會引起小心及高度有意識思考的情境」。Brown（1987）認爲「後

設認知」分爲靜態知識與策略知識兩種：(1) 靜態知識是「認知的知識」（knowledge about cognition）；(2) 策略知識是「認知的調整」（regulation of cognition）。認知的知識，是指個體能了解本身的認知狀況，並能覺察自身與學習環境的互動，以及行動的可行性、限制、優缺點等；認知的調整，是指個體能運用計畫、預測、監控、測試、補救、核對、評估等活動，有意識地控制自身的認知過程（Brown,1987）。

Paris 與 Cross（1988）把後設認知分爲兩種成分：(1) 認知的自我評估（self-appraisal of cognition）；(2) 思考的自我管理（self-management）。認知的自我評估爲靜態的層面，是指個體對於工作領域、自身能力、知識及策略使用之察覺（awareness），包含：(1) 陳述性知識（declarative knowledge），即對某項敘述性知識的了解；(2) 程序性知識（procedural knowledge），即對歷程或步驟的了解；(3) 條件性知識（conditional knowledge），即對影響學習之條件或有效學習策略的適用條件、情境之了解。思考的自我管理，是指將認知的自我評估付諸於認知行動的動態層面，包含：(1) 計畫（planning），選擇特定的策略以達成設定的目標；(2) 評鑑（evaluation），即對自己學習狀況的評鑑，評估自己是否達成目標；(3) 調整（regulation），即對自我認知行動的調整，根據自己的認知狀況，調整或改變認知計畫和認知策略。

Sternberg（1985）在其所提的智力三元論（the triarchic theory of human intelligence）中，認爲後設認知是智力的一部分，後設認知是組合子論（componential subtheory）中的「後設成分」（metacomponents）。是指在工作表現中用來「計畫」、「監控」與「做決定」的較高層次的決斷過程。包括：(1) 決定待解決的問題；(2) 選擇解決過程所需的認知成分；(3) 選擇對於訊息的適當表徵；(4) 根據認知成分選擇解決策略；(5) 決定注意力在認知工作所需的分配；(6) 監控解決的過程；(7) 在解決的過程中敏銳地覺察訊息回饋。

二、後設認知與數學教育

　　因應快速變遷的世界公民培育趨勢，後設認知已被視為是重要的思維能力，亦有文獻指出後設認知應被視為是素養（literacy）的要素之一（Veenman et al., 2006），近年來許多國家數學課綱亦將後設認知納入數學教育的重要一環。

　　我國十二年國民基本教育強調素養導向的教學與評量，核心素養的滾動圓輪意象之三大面向所細分的九大核心素養項目中（三面九項），說明培養核心素養的情境脈絡必須符合生活情境。其中「A2 系統思考與解決問題」的意義：具備問題理解、思辨分析、推理批判的系統思考**與後設思考素養**，並能行動與反思，以有效處理及解決生活、生命問題（教育部，2014）。由此可知，後設認知的思維是問題解決必備的素養，而後設思考素養就是後設認知的知識與能力之運作。

圖 5-1
十二年國教核心素養的滾動圓輪意象

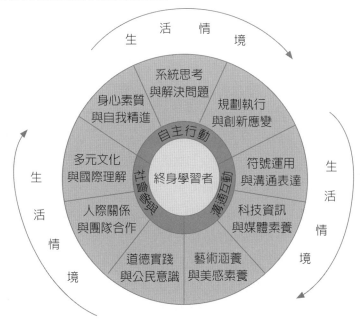

資料來源：教育部（2014）。

　　新加坡的數學課綱和數學教材廣受重視，因為新加坡學生歷年來在國際性數學評量 PISA、TIMSS 的表現相當亮眼。在新加坡教育部 2012 年公告的數學課綱中，強調問題解決的數學教與學，且包含了五項內涵：概念（concepts）、技能（skills）、態度（attitudes）、後設認知（metacognition）和過程（processes）。其中後設認知主要為監控自己的思考（monitoring of one's own thinking）以及學習的自我調整（self-regulation of learning）。

圖 5-2
新加坡數學課綱的教與學架構

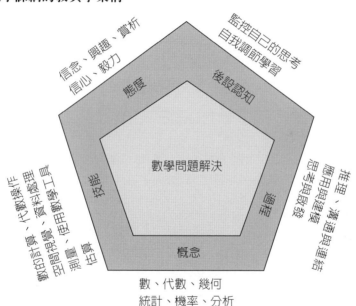

資料來源：Singapore Ministry of Education (2012). *Primary mathematics teaching and learning.* https://www.moe.gov.sg/home

三、數學學習與後設認知

　　Bloom 早期所提出的教育目標分類系統無法因應人類認知學習，Anderson 等人在 2001 年所出版的 Bloom 教育目標分類系統的修訂

版中，將知識分為動態知識的認知歷程向度，以及靜態知識的知識向度，如圖 5-3 所示。靜態的知識向度強調教師應該教什麼（what to teach），包含了四項知識：事實知識、概念知識、程序知識、後設認知知識。所以，在數學教學中，教師應協助學生後設認知能力的提升，俾能促進數學學習的成效。

圖 5-3
Bloom 認知領域的教育目標分類對照

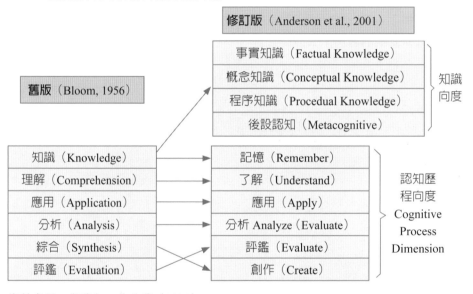

資料來源：鄭蕙如、林世華（2004）。

　　根據本章開始對於後設認知理論的簡介，可知各主要文獻對於後設認知的詮釋不盡相同。後設認知對於數學學習的意義與影響而言，本文綜合 Paris 與 Cross（1988）、Flavell（1981）、Brown（1987）對於後設認知的成分，以及綜合文獻上對於數學學習與解題知識的觀點（Hiebert & Lefevre, 1986; Mayer, 1992; Miller & Hudson, 2007; Polya, 1945; Schoenfeld, 2016），就數學學習而言，其後設認知有三大成分（component）和其對應子成分（subcomponent），如圖 5-4 所示。

圖 5-4
數學學習的後設認知成分

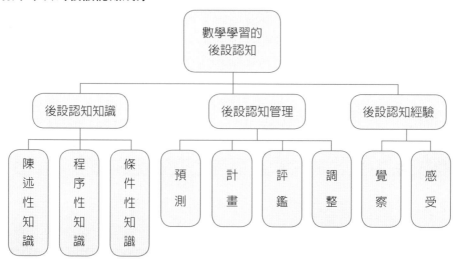

　　針對圖 5-4 所示之數學學習的後設認知成分，表 5-1 至表 5-3 說明各成分在數學學習的意義和舉例：

表 5-1
後設認知知識子成分在數學學習的意義與舉例

子成分	數學學習的描述與舉例
陳述性知識 （declarative knowledge）	• 陳述知道那是什麼（know what）的知識。 • 說明數學的概念、符號、圖表等意義所需語言知識、事實性知識和基模知識。 • 例如：(1) 說明公斤表示重量；(2) 知道 1 公尺 = 100 公分；(3) 知道 $\frac{3}{4}$ 表示四等分裡的三等分。
程序性知識 （procedural knowledge）	• 以程序操作展現知道如何（know how）的知識。 • 執行數學的計算、列式、報讀、測量、繪製等步驟所需的數學程序知識。 • 例如：(1) 進行有括號的先算；(2) 3 除以 4 的結果以 $\frac{3}{4}$ 表示，依序寫出 $3 \div 4 = \frac{3}{4}$；(3) 使用量角器測量角度。

子成分	數學學習的描述與舉例
條件性知識 （conditional knowledge）	• 知道何時、何因（know when and why）之條件知識。 • 根據給定的數學訊息之條件，決定解題方法與步驟所需的策略性知識。 • 例如：(1) 根據分數與小數混合算式 $\frac{1}{3} + 0.2 = ($　$)$ 的條件，先將 0.2 化成分數再計算；(2) 知道三角形的三內角和是 180 度的條件，推論出一個三角形不可能有兩個鈍角；(3) 當梯形的上底等於 0，此時圖形會變成三角形，推論出三角形面積公式也是梯形面積公式一種特例。

表 5-2

後設認知管理子成分在數學學習的意義與舉例

子成分	數學學習的描述與舉例
預測 （predict）	• 針對問題評估可用的資源，以及可能的結果。 • 根據數學問題的可用訊息，利用數感或量感，估計數值、數量或圖表等合理的可能結果。 • 例如：$396 + 403 = ($　$)$，問（　）裡的數最接近哪個數？ (1)600　(2)700　(3)800　(4)900 • 預測：題目四個選項的數都是整百的數，所以被加數和加數先用最接近的整百估數，來估計和大約是多少
計畫 （plan）	• 了解問題以及要完成的目標，並決定策略和步驟據以達成目標。 • 根據數學問題的內容和已知訊息，將文字、符號等外在表徵轉成心理表徵，整合問題並提出策略進行問題解決。 • 例如：小明原本有一些錢，想買一枝 25 元的鉛筆，但不夠 9 元，問小明原來有多少元？ 解題計畫：題目要算出原來的錢，將原來的錢以（　）表示，再加上不夠的錢，就是一枝鉛筆的錢，所以列成（　）+ 9 = 25。
評鑑 （evaluate）	• 計畫執行過程或結束後，檢核執行內容和結果，並評鑑與目標的差異。 • 在解題過程中或根據解題結果，進行回顧、驗算、檢核、反思、賞析等，監控解題的品質和結果。 • 例如：小明原本有一些錢，想買一枝 25 元的鉛筆，但不夠 9 元，問小明原來有多少元？

子成分	數學學習的描述與舉例
	解題評鑑： (1) 驗算：得到答案是 16 後，以「原來的錢加上不夠的錢就是一枝鉛筆的錢」驗算，所以 $16 + 9 = 25$。 (2) 賞析：欣賞並解析同儕的想法「一枝鉛筆的錢拿掉不夠的錢，就是原來的錢」，所以 $25 - 9 = 6$。
調整 （regulate）	• 根據自己的認知和評鑑結果，精進或修改計畫和策略。 • 進行解題評鑑後，了解並調節自己的數學認知，確認或精進自己的數學解題能力，或修改數學解題計畫。 • 例如：小明原本有一些錢，想買一枝 25 元的鉛筆，但不夠 9 元，問小明原來有多少元？ 解題調整： (1) 確認：經過驗算 $16 + 9 = 25$，25 是一枝鉛筆的錢，所以 16 這個答案應該是對的，不用修改解題計畫。 (2) 精進：理解同儕的想法「一枝鉛筆的錢拿掉不夠的錢，就是原來的錢」，$25 - 9 = 16$，並認同這樣的想法比較簡潔，以後的類似問題會使用這種想法和計算。

表 5-3

後設認知經驗子成分在數學學習的意義與舉例

子成分	在數學學習的描述與舉例
覺察 （awareness）	• 個人歷經後設認知活動後，覺察使用後設認知策略的成功經驗。 • 歷經自己或他人所給的後設認知策略，用於數學解題活動，覺察是透過後設認知知識和策略，能夠成功的解題。 • 例如：教師提醒學生記誦四則運算規約的括號意義「列式時先算的要括號，計算時括號的要先算」，學生記誦此策略並正確計算 $58 \times (21 + 39)$，學生覺察此記誦策略能帶來成功解題。
感受 （feelings）	• 個人歷經後設認知活動後，能感受使用後設認知的好處。 • 應用後設認知於數學學習和解題活動，感受到能有效學習並成功解題。 • 例如：學生記誦四則運算規約的括號意義「列式時先算的要括號，計算時括號的要先算」，並使用於純算式計算和文字情境題，都能成功解題並感受此記誦策略的好處。

　　根據前述表 5-1 至表 5-3 有關後設認知各成分在數學學習的意義，以及綜合有關數學學習認知運作的機制（Tay et al., 2020; Miller & Hudson, 2007），可將後設認知在數學學習的認知運作流程機制如圖 5-5 所示。在圖 5-5 中，陳述性知識、程序性知識和條件性知識的後設認知知識，協助形成正確可用的數學語言和認知表徵，以及連結並提取記憶中知識；而後設認知管理的預測、計畫、評鑑、調整則監控並支撐後設認知知識的運作，同時此後設認知管理也形成了後設認知經驗。最後，感受和覺察的後設認知經驗累積，可以為未來的後設認知知識提取

圖 5-5
後設認知在數學學習的認知運作流程機制

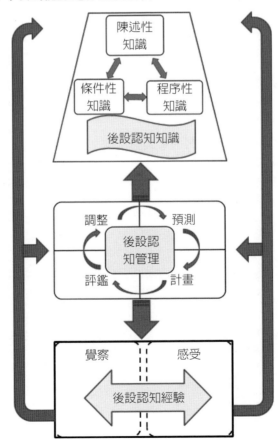

以及後設認知管理建立更順暢的運作。

貳、低成就學生解題的數學後設認知

影響數學低成就的原因很多，其中的原因之一是後設認知能力較低（Cornoldi et al., 2015）。低成就學生的數學解題表現，也一直是數學教育研究相當重視的主題。而 G. Polya、A. H. Schoenfeld 及 R. E. Mayer 所提出的數學解題歷程的理論，都說明了後設認知在數學解題的重要性。

Polya（1945）將數學解題歷程分成四個步驟如下：(1) 理解題意（understand the problem）：理解問題要求什麼？未知數是什麼？已知條件是什麼？(2) 擬定計畫（make a plan）：根據未知數和已知條件關係，考慮是否需要做一些輔助（如畫線段圖、畫輔助線等），來協助提出解題策略；(3) 執行計畫（carry out the plan）：依據所擬定的計畫，正確地執行策略或運算步驟；(4) 回顧解答（look back on your work）：回顧檢核也是後設認知主要運作之處，是根據執行計畫所得答案，檢核答案是否正確；或是回顧可否提出不同策略，俾將解題品質做的更好。Polya（1945）指出前述的四個步驟並不是從第一步到第四步的線性運作，有時會隨時回顧檢核的結果，有時必須退回上一步驟或繞各步驟進行，完成問題解決。

Schoenfeld（1985）延續 Polya 在數學解題步驟的認知歷程，特別提出「後設認知」以及「信念系統」（belief systems）的重要性。Schoenfeld（1985）提出數學解題歷程包括：(1) 閱讀（read）：閱讀問題的文字、符號、圖示等意義；(2) 分析（analysis）：將問題中的訊息簡化或用自己的話重述，確保更了解問題；(3) 探索（exploration）：尋找已知條件、未知條件以及各種條件之間彼此的關聯性；(4) 計畫（planning）：擬定解題策略和計畫，檢視計畫是否和問題解決目標有關，以及評估解題計畫是否適當；(5) 執行（implement）：依據所提出

的解題計畫，依序執行解題策略；(6) 驗證（verify）：檢視解題結果是否合理與正確。在前述這些解題歷程中，後設認知能協助問題解決各歷程的正確性，而且後設認知也正向影響信念系統，同時信念系統也支持解題者持續進行解題的活動，進而提高解題的完成度。

Mayer（1992）從認知心理學的觀點，認為數學解題主要有兩大階段，分別為：(1) 問題表徵（problem representation）階段：將文字或圖案轉換成心理表徵，此階段又包含了：①問題轉譯：將外在的數學文字或語言，轉換為個人的內在心理表徵；②問題整合：將問題重新敘述以組合成有連貫意義的問題；(2) 問題解決（problem solution）階段：從問題的心理表徵進行問題解決，此階段又包含了：①解題計畫與監控：根據問題擬定解題策略，持續地監控和修正解題計畫；②解題執行：以程序性知識正確進行解題。在 Mayer（1992）所提問題解決階段中，解題計畫與監控也是後設認知運作之重點之處。而 Mayer（1992）也分析數學解題所需的五大知識類型如下：(1) 語言知識（linguistic knowledge）：問題中詞彙語言和句子關係的意義，因此，學生必須能夠具備理解詞彙和文字意義能力。例如：平分的意義；(2) 事實知識（factual knowledge）：對數學事實知識的了解。例如：1 公尺等於100 公分；(3) 基模知識（schematic knowledge）：能夠認識問題的類型和先備知識關聯性的知識。例如：乘法計算起源於累加、分數隨著年級有部分－全體、商等不同意義、以四邊形的邊和角的要素來決定四邊形名稱等；(4) 策略性知識（strategic knowledge）：在解題的過程中，能了解題意並提出適當的解題策略。例如：根據問題和條件，先求總量後，再加以平分，進行先加後除兩步驟計算；(5) 程序性知識（procedural knowledge）：進行數學計算、數學工具操作等，能依據程序規約來進行。例如：先乘除後加減、使用量角器進行測量等程序。

歸納 Polya、Schoenfeld 及 Mayer 所提出的數學解題歷程觀點，以結合本文（圖 5-5）後設認知運作流程機制。本文以表 5-4 的數學問題為例，說明後設認知在解題歷程的角色。

表 5-4
數學解題歷程的比較與後設認知實例

數學問題：
邊長 30 公分的正方形地磚，每塊售價 40 元，爸爸要用這種地磚鋪滿一個長 2.7 公尺、寬 1.8 公尺的長方形戶外水池，問共要花多少錢？

後設認知運作流程機制舉例	解題歷程理論		
	Polya	Schoenfeld	Mayer
後設認知知識 1. 陳述性知識：知道正方形、長方形、鋪滿等意義，以及題目「花多少錢」。 2. 程序性知識：計算長方形面積。 3. 條件性知識：已知每塊售價 40 元和可求算的長方形面積，從面積決定幾塊地磚和花費的錢；用長方形圖示表徵幫助長方形面積和地磚的關係。	理解題意	閱讀 分析 探索	問題轉譯 問題整合
後設認知管理 1. 預測：長邊約 300 公分、寬邊約 200 分，總面積約 60000 平方公分，約需要 66 塊地磚（2640 元）。 2. 計畫：先算出面積，再算出需要幾塊地磚和共需多少錢。	擬定計畫	計畫	解題計畫 與監控
後設認知管理 1. 評鑑：驗算長 2.7 公尺、寬 1.8 公尺的面積。 2. 調整：賞析先算出平方公尺或平方公分何者較佳。	執行計畫	執行	解題計畫 與監控 解題執行
後設認知管理 1. 評鑑：驗算的面積塊數和花的錢是否與預測接近。 2. 調整：賞析「長邊需要 9 塊地磚、寬邊需要 6 塊地磚，共需 54 塊地磚（2160 元）」的不同作法；用總面積除以一塊地磚面積的方法是否能夠推廣應用到長邊或寬邊不能被地磚邊長整除的情況？ **後設認知經驗** 1. 覺察：覺察透過圖示表徵、預測等策略可促進解題成功。 2. 感受：感受使用評鑑、調整等策略帶來的好處。	回顧解答	驗證	

參、提升低成就學生解題的數學後設認知之有效策略

　　由於數學低成就學生常缺乏後設認知，因此造成解題失敗。文獻上也指出後設認知可透過鷹架（scaffolding）學習而獲得（Desoete & De Craene, 2019; Rittle-Johnson & Schneider, 2015）。綜合相關的實證研究並以表 5-4 中的數學問題為例，提升低成就學生解題的數學後設認知之有效策略臚列說明如下（Dennis et al., 2016; Mevarech & Fridkin, 2006; Montague et al., 2000; Tok, 2013）：

一、複誦策略（repeat）

　　複誦策略是指唸出文字，形成聲音訊息來促進自己理解文字或符號訊息。由於數學問題大多以文字或符號呈現而且非常抽象，學生往往無法形成有意義的訊息。透過唸出題目文字或符號的策略，可以讓自己聽到聲音而多一層有意義的訊息，進而促進題目理解。以表 5-4 中的數學問題為例，由於該題的文字量也偏多，如果學生「把題目唸一遍」，會促進學生對於題目文字意義和關聯的理解。

二、重述策略（restatement）

　　重述策略是指用自己的話語來重述題意，藉由重述題目可以組織重整的重要內容，形成有意義的關聯，並促進策略的形成。不同學生用自己的話語來重述題目，其重述內容不會完全相同，只要重點內容和關聯性正確即可。以表 5-4 中的數學問題為例，學生可能會重述為「要把長 2.7 公尺、寬 1.8 公尺的長方形，用邊長 30 公分的正方形地磚鋪滿，這樣共要花多少錢？」

三、表徵策略（representation）

　　表徵策略是指用圖示、圖表來表示題目中的文字、符號或數量意義，藉由表徵可以檢核是否符合題意，俾便形成有效的解題策略；特

別是視覺化表徵（visualization representation），可以讓問題訊息更明顯易懂，形成正確有效策略。此外，對於低成就學生而言，表徵策略通常需要教師或同儕給予鷹架或教導。以表 5-4 中的數學問題為例，針對「長 2.7 公尺、寬 1.8 公尺的長方形」、「邊長 30 公分的正方形地磚」，以下列的視覺化表徵策略呈現，有助於形成解題策略。

四、放聲思考策略（thinking aloud）

放聲思考是指學生在思考當下，同時用說出來的方法，呈現自己如何思考或正在思考什麼。由於思考是隱性不外顯的思維，若透過口說聲音來表達自己的思考，可以讓自己或他人來監控並促進了解這重要內容的意義和關聯。放聲思考是同時間兩種思維運作呈現（不用放聲的思考以及放聲的思考），通常學生無此經驗而且也容易增加認知負荷。尤其對於低成就學生而言，放聲思考策略需要教師教導或示範。以表 5-4 中的數學問題為例，學生可能的放聲思考內容是「長乘以寬算出面積就是答案了吧！但是我再看一下題目，是要算出多少錢！這樣單位不對！要花的錢和要多少塊地磚有關係。所以，先算出面積，再算算看要多少塊地磚……」。

五、自我提問和自我教導策略（self-questioning and self-instruction）

自我提問和自我教導策略是學生自己問自己，以「自問自答，想像

自己教自己」的方式，促進理解題意，提出計畫和策略，並調節解題結果。在數學課室中，提問與教導本為一體，而且教師是提供提問與教導鷹架的角色。但要協助學生自己成功解題，必須脫離鷹架而自己成為自我提問與自我教導者。以表 5-4 中的數學問題為例，學生可能的自我提問和自我教導內容是「用地磚鋪滿長方形戶外水池是什麼意思？鋪滿是用很多塊地磚把長方形蓋滿，那麼需要多少塊地磚呢？」

六、回憶連結策略（recall and linkage）

回憶連結策略是指將對該題目的情境意義和數學結構，回想以前的經驗，是否曾經學習過類似的問題。如果是以前類似的問題，再想一想同樣的特徵是什麼？可否用類似的方法解決此問題。通常後設認知經驗愈豐富者，其能夠正確回憶連結也愈多。以表 5-4 中的數學問題為例，學生「畫出長 2.7 公尺、寬 1.8 公尺的長方形，要求算有幾個邊長 30 公分的正方形地磚」時，如果回憶連結以前長方形面積公式的導出方法，即可想出這個問題可用「每排排出 9 個地磚，共排了 6 排」的方法來算出幾塊地磚。

七、提出解題計畫與策略（making plan and strategies）

解題計畫與策略是解決多步驟數學問題的重要關鍵，學生必須先規劃每個步驟的策略，答案大約是多少？決定要怎麼做？先做什麼？再做什麼？要不要調整步驟順序？才知道「為何而算」。低成就學生解題失敗的原因，往往是無法提出解題計畫與策略。以表 5-4 中的數學問題為例，學生提出解題計畫的步驟為「1. 先算出長方形水池面積（和地磚面積同單位）；2. 算出長方形水池面積可以鋪滿幾塊地磚面積；3. 最後算出總地磚數和所需的錢。」解題計畫可以簡單記下來讓自己不要忘記，再根據解題計畫的步驟形成算式策略。

八、自我評鑑（self-evaluation）與自我調整策略（self-regulation）

　　自我評鑑是在計畫執行過程或結束後，能自己評鑑與目標的差異，以及監控解題的品質和結果。自我調節是指根據自己的評鑑結果了解並調節數學認知，精進自己的數學解題能力。解題的過程和結果，學生必須建立自我評鑑與自我調整的心理機制，以確保解題的品質。以表5-4中的數學問題為例，當學生用「總面積48600平方公分除以一塊地磚面積900平方公分，結果是54塊地磚」後，可以評鑑自己的策略「總面積除以一塊地磚面積，一定可以整除嗎？」「用總面積除以一塊地磚面積的方法，一定正確嗎？這樣和生活上鋪地磚的方法是否同樣的意義？」進而調整自己的策略為「生活中鋪地磚就像以前數學課上鋪方瓦的方法，先算長邊放幾塊地磚（9塊）、再算寬邊放幾塊地磚（6塊），也就是可以排幾排。」

　　前述數學後設認知策略，其應用情形會依不同的低成就原因而有所不同，教師可依學生的學習表現不佳面向或常見的錯誤情形而彈性使用。例如：如果學生在文字題的解題不佳，其原因是對於數學詞彙意義與文字連結意義無法理解，教師一開始可協助學生採用複誦策略與重述策略，並讓這些策略形成學生自己能獨立自動使用的策略。

肆、參考書目

中文書目

國立編譯館（主編）（2001）。**教育大辭書**。文景出版社。

教育部（2014）。**十二年國民基本教育課程綱要總綱**。教育部。

鄭蕙如、林世華（2004）。Bloom 認知領域教育目標分類修訂版理論與實務之探討——以九年一貫課程數學領域分段能力指標為例。**臺東大學教育學報**，15(2)，247-274。

英文書目

Anderson, L. W., Krathwohl, D. R., Airasian, P. W., Cruikshank, K. A., Mayer, R. E., Pintrich, P. R., Raths, J. & Wittrock, M. C. (2001). *A taxonomy for learning, teaching, and assessing: A revision of Bloom's taxonomy of educational objectives*. Addison Wesley Longman.

Brown, A. (1987). Metacognition, executive control, self-regulation, and other more mysterious mechanisms. In F. E. Weinert & R. H. Kluwe (Eds.), *Metacognition, motivation, and understanding*. Lawrence Erlbaum, Brunner.

Cornoldi, C., Carretti, B., Drusi, S., & Tencati, C. (2015). Improving problem-solving in primary school students: The effect of a training program focusing on metacognition and working memory. *British Journal of Educational Psychology, 85*, 424-439.

Dennis, M. S., Sharp, E., Chovanes, J., Thomas, A., Burn, R. M., Custer, B., & Park, J. (2016). A meta-analysis of empirical research of teaching students with mathematics learning difficulties. *Learning Disabilities Research and Practice, 31*, 156-168.

Desoete, A., & De Craene, B. (2019). Metacognition and mathematics education: An overview. *ZDM, 51*(4), 565-575.

Flavell, J. H. (1981). Cognition monitoring. In Dickson, W. P. (Ed.), *Children's oral communication skills*. Academic Press.

Hiebert, J., & Lefevre, P. (1986). *Conceptual and procedural knowledge: The case of mathematics*. Lawrence Erlbaum.

Lee, N. H., Yeo, D. J. S., & Hong, S. E. (2014). A metacognitive-based instruction for Primary Four students to approach non-routine mathematical word problems. *ZDM, 46*(3), 465-480.

Mayer, R. E. (1992). *Thinking, problem solving, cognition* (2nd ed.). Freeman/ Henry Holt & Co.

Mevarech, Z., & Fridkin, S. (2006). The effects of IMPROVE on mathematical knowledge, mathematical reasoning and meta-cognition. *Metacognition and Learning, 1*(1), 85-97.

Miller, S. P., & Hudson, P. J. (2007). Using evidence-based practices to build mathematics competence related to conceptual, procedural, and declarative knowledge. *Learning Disabilities Research & Practice, 22*, 47-57.

Montague, M., Warger, C., & Morgan, T. H. (2000). Solve it! strategy instruction to improve mathematical problem solving. *Learning Disabilities Research & Practice, 15*(2), 110-116.

Pairs, S. G. & Cross, D. R. (1988). Developmental and instructional analyses of children's metacognition and reading comprehension. *Journal of Educational Psychology, 80*, 131-142.

Polya, G. (1945). *How to solve it*. NJ: Princeton University Press.

Rittle-Johnson, B., & Schneider, M. (2015). Developing conceptual and procedural knowledge of mathematics. *Oxford Handbook of Numerical Cognition* (pp. 1118-1134).

Schoenfeld, A. H. (1985). *Mathematical problem solving*. Academic Press.

Schoenfeld, A. H. (2016). Learning to think mathematically: Problem solving, metacognition, and sense making in mathematics (Reprint). *Journal of Education, 196*(2), 1-38.

Sternberg, R. J. (1985). *Beyond IQ: Atriarchic theory of human intelligence.* Cambridge University Press.

Tay, L. Y., Chong, S. K., Ho, C. F., & Aiyoob, T. B. (2020). *A review of metacognition: Implications for teaching and learning.* Singapore: Office of Education Research, National Institute of Education, Nanyang Technological University.

Tok, S. (2013). Effects of the know-want-learn strategy on students' mathematics achievement, anxiety and metacognitive skills. *Metacognition and Learning, 8*(2), 193-212.

Veenman, M. V., Van Hout-Wolters, B. H., & Afflerbach, P. (2006). Metacognition and learning: Conceptual and methodological considerations. *Metacognition and Learning, 1*(1), 3-14.

第六章

部落小學原住民低成就學生的數學補救教學

羅廷瑛

慈濟大學兒童發展與家庭教育學系副教授

　　當學生進入正式教育，會帶著各種的背景知識和技巧，來豐富他們對新概念的理解和想法的學習（Smith & MacDonald, 2009）。然而對部分的原住民學生（原民生）來說，帶著原文化進入學校學習主流文化，卻是產生學習困難，例如：教師使用的表徵策略並非學生熟悉的事物（黃志賢、林福來，2008）、教師在教學並未重視或融入原文化資源等（李仰桓，2018），此種種因素可能使得原民生的成就落後非原民生，但探討其因又容易被錯誤解讀為他們數學能力差或是討厭學習、只喜愛輕鬆的學習表現等。

　　本文關注部落小學原住民低成就學生（原低生）的數學補救教學，緣起於部落小學在教育的文化特殊性及產生的教學問題，此類型學校不僅有小校小班的偏鄉教育問題；更因地理位置之偏，接收外界文化不易，使部落文化明顯影響學校文化的運作。而校內一班人數雖少，亦顯見學生成績呈 M 型的差距，此差距隨著學生升的年級越高，更形擴大。此種困難在數學領域更加明顯，因為原低生從讀題開始，就可能出現閱讀理解、認知運作和缺乏數學基礎概念等問題（Lisa et al., 2017），但因學校學生數少，全班學生又被賦予表演、比賽等承擔學校特色發展的重要使命，縮短低成就者的學習時間，使成績更加落後，是以針對原低生發展符合其學習需求的數學補救教學模組，就非常重要。本文為筆者與花蓮山地鄉的太魯閣族兩所部落小學合作，從閱讀相關研究、實地蒐集兩校原低生的補救需求，用以發展原文化融入數學補救教學模組及實施教學，最後提出對模組的反思，以提供教師進行原低生補救教學的參考。

壹、原低生的數學特性及數學學習困難

　　兩所部落小學學生屬同鄉太魯閣族人，但 A 校位於花蓮市郊，B 校則較偏太魯閣國家公園。兩校 1-6 年級各一班，A 校總人數有 90 人、B 校則有 50 人。兩校均有重點發展項目，中、高年級學生除了每天的

訓練，其週三、假日也要投入表演和比賽訓練等活動。多數學生回家的
課業，依賴部落的協會或是教堂提供夜間免費的晚餐及課輔來補強。

　　兩校的數學補救教學方式不同。A 校數學補救生較多，是以導師亦
兼補救教師於每天放學後，進行以班級爲單位的補救教學，該校會抽離
中、高年級班上學生數學能力中上者，集中到課輔班，進行家庭作業
的書寫及數學的補充練習。B 校補救生較少，由一位數學補救教師進行
中、高年級補救生的補救教學。兩校原低生的選取，主要是以未通過教
育部（2019）學習扶助平臺三、四年級的數學基本學習測驗者爲主，
繼而再由導師提出「分數」基礎概念須加強者，總計參與本補救教學模
組者，A 校有 12 位四、五年級的原低生，B 校有 6 位四至六年級的原
低生。

一、從文化面來思考原低生產生數學學習困難之因

　　筆者閱讀 Huang 等人（2012）、Yong 等人（2012）及 Hartinah
等人（2019）的文獻，從文化面思考原低生產生數學學習困難的原因
如下：

（一）原低生因素

　　例如：(1) 低數學溝通能力；(2) 無法理解教師的概念講解及使用的
學習模式；(3) 無法將數學課程與自我文化有效連結，使學習成績低落；
(4) 對數學教師感到害怕與恐懼；(5) 未察覺數學應用在日常生活事物的
有用感。

（二）教師因素

　　例如：(1) 以教師爲中心的解題歷程，使學生僅能進行簡單的推理；
(2) 學生的數學迷思，導因於教師早期教的概念、原則和算法，僅是讓
學生「重演」計算步驟，未給予學生主動思考機會或是產出意義的學習
歷程，使得學生過度依賴教師，解法僵化，無法長時間維持初始的解題

成效；(3) 教師缺乏了解學生所處社會和其文化的數學智慧；(4) 教師未連結有價值的學生文化資源在數學教學，使學生不知道自己的文化可用以協助學習數學。

　　從上得知，以教師為中心的教學，就程序性知識和概念性知識的連結，過於強調口語和數字符號的表徵教學策略，以及重演、複製、熟練的解題歷程訓練；當遇到以原低生為對象，因忽略其文化所形塑的學習特性，以及擁有的文化資源，均使原低生對數學產生認知面和情意面的困難，如能以學生文化為中心的建構取向教學著手，可為補救教學的嘗試途徑。

二、兩校原低生對數學課的知覺

　　依據上述研究的啟示，為要理解兩校原低生數學學習的困難，筆者參照 Borthwick（2011）透過分析學生的數學畫，可反映學生對數學的情意和認知需求。在教學前，筆者請原民生繪製數學畫，以了解兩校學生對數學課的知覺和感受。相較成績較低下的原低生，班級月考成績前 27% 中上者稱為「原導生」，以便於下列小組同儕對話有關角色的區分（畫作或是同儕對話之內容分析，資料編碼依序為 L/H：原低生 / 原導生、A/B：A 校 / B 校、S/T：學生 / 大學生、44：四年級編號 4 號、B/G：男生 / 女生）。

　　（一）A 校：如圖 6-1，其數學畫有下列 4 點特色。

　　1. 以教師、黑板為中心的教學法：如圖 6-1-2、6-1-4 的 LAS44B 和 LAS41G，貼切地畫出原低生所知覺的數學教師是遠遠站在講台講課，與學生保持距離。

　　2. 喜歡上數學課：多數原低生繪畫教師、自己或同儕的臉上都是微笑的表情，顯示喜歡上數學課。

　　3. 畫作均未出現分組學習或是與同儕討論的畫面。

　　4. 教師常使用口語和數字表徵的教學。

圖 6-1
A 校原低生所知覺的數學課

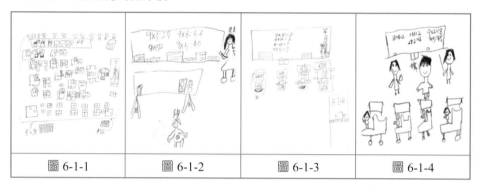

| 圖 6-1-1 | 圖 6-1-2 | 圖 6-1-3 | 圖 6-1-4 |

（二）B 校：如圖 6-2，其數學畫有下列 2 點特色。

1. 以教師、黑板爲中心的教學法：與 A 校相同，但該校因一班人數較少，其座位安排較多元，如圖 6-2-1、6-2-2。

2. 對數學感困難和不懂：多數畫作呈現對數學感覺難、困惑和無助。如圖 6-2-3 的 LBS41B，畫出數學課籠罩著烏雲密布的氣氛，而大大寫出數學是無聊和難，自己對這狀況是感到憤怒的。圖 6-2-1 的 LBS51G，畫出教師很愉悅地講解數學，但卻是對著空無學生的教室，傳神投射自己或同儕的放空、心不在焉或是有聽沒有懂的狀態。

此負向感受更顯現在 6 年級生，如圖 6-2-2 的 LBS62G，感覺上數學課教師講的很精彩，也很清楚，但是全班似乎就只有自己聽不懂。甚至原導生也有如此感受，如圖 6-2-4 的 HBS64G，畫出自己在上數學課是有聽沒有懂，有很多的疑問，甚至還看到同學因無法理解或不會解題而哭泣或是生氣，教師的表情也不愉悅。

圖 6-2
B 校原低生所知覺的數學課

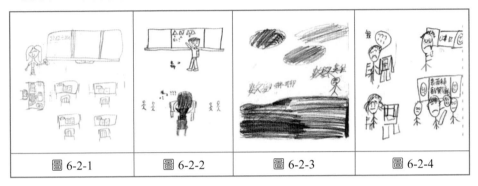

| 圖 6-2-1 | 圖 6-2-2 | 圖 6-2-3 | 圖 6-2-4 |

　　筆者發現兩校原低生對數學課的知覺，呈現教師中心教學法、明顯存在師生權力不等的現象、未使用同儕輔導模式、教師較常使用數字、口語的教學表徵。其次有意義的是 B 校的數學成績顯著優於 A 校（如花蓮縣中小學學力檢核的鄉平均成績），但是 A 校原低生對數學學習卻保有正向的學習動機，但 B 校不管是原低生或原導生，均感覺數學難、聽不懂、有學不會的無助感。

三、訪談補救教師，探究原低生的學習需求

　　筆者透過觀摩教學及訪談兩校的數學補救教師，從該校原低生的數學困難及學習特性，歸納其學習需求如下：

（一）學習困難

　　兩校相同者，有 (1) 沒有學習動機；(2) 學習被動；(3) 缺乏自信；(4) 遇到困難很情緒化，就想要放棄；(5) 無法用言語或數字表徵思考；(6) 計算粗心；(7) 不喜歡讀題，僅看到數字就解題。A 校還有基礎概念尚待補救以及解題喜歡心算、簡化步驟等問題；B 校亦有學生數少，缺乏競爭的學習動機問題。

（二）學習特性

兩校相同者，有 (1) 喜歡鼓勵和讚美；(2) 依賴教師；(3) 喜歡實物操作；(4) 喜歡上課輕鬆、幽默的對話氛圍。A 校尚有喜歡畫畫及愛上台表現的特性，B 校則有喜歡教人的特性。

（三）學習需求

從上歸納兩校原低生的學習需求，計有認知和情意兩方面，認知面為須培養題意理解和清楚的解題程序，情意面為須培養對數學的親近感。

貳、原文化融入數學補救教學的模組開發 ── 我是道地的太魯閣族人

筆者在此節介紹發展補救教學模組的步驟如下：

一、決定數學補救目標

就原低生未通過教育部（2019）三、四年級的基本學習表現指標，筆者與兩校的補救教師討論後，確定本模組的數學補救目標：

1. 整數四則運算：聚焦捷算法的補強，如練習找出數字的規律、熟練以乘法取代連加法，使計算縮短時間，降低錯誤率。

2. 分數基礎概念理解與解題：如複習平分、部分與整體的關係、同分母的分數相加減等概念，以及練習多元表徵學習策略。

其因主要是考量補強這兩部分的學習表現，有助於補強學生未來升上高年級學習分數的四則運算的技能。

二、閱讀相關研究，獲得補救教學模組的啟示

鑒於國內外原文化融入數學補救教學模組的研究極為少數，是以筆者閱讀 Hartinah 等人（2019）和 Utami 等人（2020）的研究，整理民族數學對原民生的好處，以作為發展本文補救教學模組的參考。

民族數學對原民生學習數學的好處，有下列 6 點：

1. 民族數學為數學的一種形式，以文化為基礎的數學知識，可讓原民生在熟悉的文化情境，解決生活問題，提升創意解題和批判性思考的能力。

2. 提供以文化為基礎的學習數學機會，提升原民生更多學習興趣和發展口語、手寫的數學溝通技巧。

3. 透過教師從個別原民生所蒐集到有關所擁有文化的想法、歷程以及實務等訊息，可讓學生理解民族數學的廣泛性，包含傳統文化到日常生活與數學有關者。

4. 民族數學提供師生了解各種數學知識，皆可以用不同方式編碼，以思考「多樣化」的好處、價值和必要性。

5. 連結民族示範（ethnomodeling）的對話和尊重，可讓原民生認識多元的數學解法；其次允許學生使用「非正式知識」來解題，可節省時間和降低錯誤；進一步透過同儕互動，可學習在不同文化脈絡協商和討論數學概念，建構有效和有意義的知識。

6. 民族數學可作為數學文化和日常生活文化的橋梁，提升原民生受教經驗的品質。

是以筆者受 Hartinah 等人（2019）結合民族數學的探索學習模式可提升學生數學思考，發展本文的原文化融入數學補救教學模組的架構圖（如圖 6-3）。

此架構圖呈現以原低生文化為中心的建構取向教學，就上課教材，思考從原低生生長環境的問題著手，目標是讓學生認識民族數學亦為數學文化的一種，能應用課堂的數學概念連結解題技能解決日常生活實務，可有效掌握民族數學的智慧。就表徵策略的教學，宜以學生文化所擅長使用的表徵為主，教師再進行表徵策略的擴展或是轉換的補充或補救教學。就教學方法，不僅給予學生以個別方式完成解題任務的時間，且給予小組討論或合作的機會，使用同儕輔導模式為可行方向，讓同儕有機會透過非正式知識的互動和協商，觀摩多樣化的數學思考，激發其主動思考或是解題的動機、興趣，甚至共構創意的解法。

圖 6-3
發展「原文化融入數學補救教學模組」的架構圖

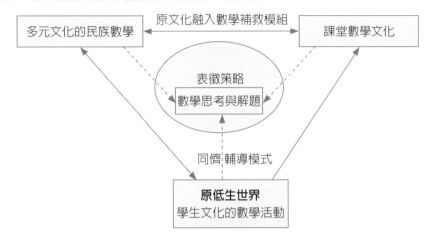

三、與該校教師合作，選取融入模組的原文化資源

筆者與兩校教師進行下列合作，用以選取原文化資源：

（一）與補救教師討論，進行數、原文化的連結

補救教師提供與分數概念有關的「殺豬分食文化」為部落常見的文化活動，筆者蒐集相關資料（趙聰義，2021；黃應貴，1998），了解此活動有兩層文化意義，一是要成為「真正的太魯閣人」，其能力須展現在積極參與部落活動，且被部落人肯定，其社會地位是靠努力以及所展現的能力來取得。分析跟分食活動有關的能力，展現在狩獵的獵物與跟部落人的分享。一是此活動除了有福同享之意涵，尚有祛惡、贖罪或祝福之用。

（二）與族語教師討論，理解該文化的民族數學

進一步就上述資料，再請教族語教師在部落實施此文化活動的現狀及從中所展現的民族數學。族語教師表示目前部落的分食活動，比較可

見於喜事如結婚或是生孩子，除仍保有同樂共享的涵義外。也邀請在外的部落人回部落相聚，藉以提升族群認同感。

該文化活動展現的民族數學，計有：

1. 分類原則：從過去的獵物到現今的豬隻，在該族文化被視為「珍貴的有價物」，依據部落長輩的「直覺」智慧，有其固定的肉類分類原則。

2. 平分原則：舉辦此活動者，須先計算獲得此份禮物的賓客人數，部落長輩會率領大家一起宰切豬隻，依照人數，分好份數後，在活動結束後，每位賓客皆會提著一袋禮物回家。

3. 以碗作為計算和交易主食的單位量：早期部落人會在夏天以儲糧的觀點，將玉米晒過後，剝其玉米粒，做成不同的玉米主食，來度過多天無糧之苦，是以發展出以碗為單位的計算糧食和作為交易的單位。

四、數學補救教學模組之設計理念

（一）以原文化來命名教學單元，並融入解題任務的設計

筆者以太魯閣族的能力觀與分享的文化意涵，命名此模組為「我是道地的太魯閣族人」，以分食活動為主題，發展出「我們一起去打獵」、「剝玉米，我最厲害」和「我們來唱歌」三個單元。

本文茲以單元 2「剝玉米，我最厲害」（族語 Mqilit sqmu, yaku suyang bi）的「我得到的玉米獎品」活動為例，來描述原低生分數基礎概念的補救教學。如解題任務一：「美娜和阿卡一起參與剝玉米比賽獲勝，獲得一根玉米獎品。」筆者設計一系列問題形式之解題任務，如平分概念的「請問此獎品要分成兩人，每人可以得到（　）根玉米？請想出三種解法。」部分與整體關係概念的「美娜的戰利品為 3 排的玉米粒，請問他可以獲得幾分之幾根的玉米？（一根玉米為 15 排）」。

（二）以學生為主的表徵策略，進行補強或補充

分析數學畫，得知兩校以教師為中心的教學法後，筆者依據架

構圖，補救教學採以學生文化的數學活動為主，以引起主動的數學思考，以及對課堂的數學產生有意義的連結。是以在教學模組，改以學生中心教學法，即是以原低生所呈現的解題表徵學習策略為主，教師進行表徵策略轉換的熟練，例如：在一種解法中，會示範使用兩種表徵來解題；多元表徵的補充和鼓勵，如鼓勵學生三種解法，使用不同的表徵來解題。

(三) 進行同儕輔導模式的教學法

分析教學前的數學圖，發現兩校未進行同儕輔導模式，但筆者依社會建構的觀點，思考部落小學的同儕因具有使用相似的心理工具，似可提升溝通和學習之功能，是以嘗試進行同儕輔導模式。筆者先依數學成績採異質性分組，1 組由 1 位原導生與 1-2 位原低生組成，2-3 組由 1 位大學生擔任隊長。為建立此混齡學習的默契，固定 2-3 組為 1 小隊，一起合作解題。其原導生為導師邀請原低生班第一次月考數學成績前 50% 且熱心助人的同學，具有意願者擔任之。

筆者透過培訓和設計雙導生制，使原導生能理解自己的角色功能。前者參考 Lesie 等人（2001）的培訓課程，針對補救目標，進行教學態度及口語溝通技巧的培訓，並讓原導生知道成為一位道地的太魯閣人的能力條件及品性美德。二是招募大學生，與原導生共同擔任原低生的「雙導生」，其功能為提升小組／隊成員的順利討論，以及針對可能出現的數學迷思來釐清和複習教學。

五、數學補救教學模組之教學流程

本模組的教學為一星期兩次，一次兩小時，共實施 16 小時。筆者擔任兩校全班的主要教學者、有 7 位大學生分別擔任兩校各小隊的教學者，每次教學流程如下：

1. 太魯閣族文化之旅（10 分鐘）：教師向全班學生介紹太魯閣族感恩祭典（Mgay Bari Psmiyan Truku），從介紹該祭典舉行的目的、

儀式及舉辦不忘祖的生活習俗或技藝的比賽，如剝玉米，並說明其民族數學，如以碗來作為單位量及交易單位。

2. 執行玉米獎品的解題任務（60 分鐘）：教師向全班說明解題任務的進行模式。例如：解題任務為「如何將老師謝謝大家幫忙解題的餅乾或點心，公平分完給小隊成員呢？」教師發給小隊有固定或未知數量的餅乾、小點心，鼓勵小隊或是小組合作思考其解法，待大學生檢查答案正確後，小隊就可以享用此獎品。

3. 上台解題及發表（40 分鐘）：教師於解題任務完成後，會抽籤邀請 3 個小組上台，一起合作書寫解法，並對全班同學進行口頭發表。

4. 多元評量（10 分鐘）：此評量包含解題任務單和學習回饋單，內容包含自評學習收穫、評分組員的學習態度、教學回饋三項，於每次教學後讓學生書寫。教學結束後，亦讓原低生繪製數學畫，比較教學前、後對數學課的知覺和感受。

參、教學實施

此節描述數學補救教學模組實施於兩校原低生補救教學的情形，筆者發現兩校雖是太魯閣族學生，但卻呈現不同的學習情形，是以教學成效及學生對模組的回饋，也有其相異處。

一、兩校原低生接受補救教學模組的學習情形

（一）原文化融入解題任務，降低原低生的讀題負荷及提升解題動機

教師在介紹傳統的剝玉米比賽時，發現兩校學生對剛參加過部落祭典的剝玉米活動仍記憶猶新，A 校學生熱烈與教師分享，例如：「好累啊！手都酸死了！不好剝！」「玉米要晒久會比較乾，才比較好剝」等。順著此熱鬧的氛圍進入解題任務，教師觀察原低生讀題後，即會主動跟原導生檢核自己的題意理解是否正確？例如：「玉米要分給阿卡家

的孩子，那阿卡也要算進去，他有一份，對嗎？」也發現因熟悉題意脈絡，使小組同儕可將時間有效的聚焦在解法的思考與討論。

（二）觀察原低生的解題模式，鼓勵從原文化素材找到解題工具

以題目：「一根玉米分給美娜和阿卡，每人可得幾分之幾根？請想出 3 種解法來表示答案。」為例，其補救教學步驟如下：

1. 觀察以原民生為中心的表徵策略

教師給予實物如玉米的實作，不管是原低生或原導生，會使用繪製實物的圖像表徵策略，如圖 6-4-1，原低生 LAS42M 繪製玉米、橫向切成三段，再每一段切成一半的解法。

2. 引導原導生偵錯，進行數學溝通

在個別解題後，教師會請原導生檢核小組成員的答案，原導生偵錯後，如果發現問題，就會開始進行「討論」。如上題，原導生 HAS42G 跟原低生 LAS42M 說：「你畫不對啦！你這樣分玉米，頭部比尾部的玉米粒少，要公平，看我的，應該『直切』，這樣兩半才會一樣大。」如圖 6-4-1 所示。

3. 喚起及複習學生的「分數」舊知識，練習解題表徵策略

教師觀察小組教學後，接下來進行兩部分的教學。一是使用數學詞彙來組織學生的討論重點，例如：「小朋友！公平不就是分數的平分概念嗎？以分給兩個人來說，還記得平分完的東西，兩邊的數量要相同，如玉米粒或是切完的兩半面積要一樣喔！如正方形呀！」二是鼓勵原低生比較與原導生解法的不同處，並練習說出需要修正的錯誤處，大學生檢核概念理解的正確性，再請他寫下來。此過程可引導原低生練習口語→圖像→文字的多層次表徵轉換策略。

4. 鼓勵從原文化找尋解題工具，練習多元表徵策略

如上題，教師舉例正方形的平分策略後，喚起原導生的圖形記憶，HAS42G 馬上說：「長方形也是呀！」教師再引導學生去思考部落的圖騰有很多對稱圖形，切一半後，兩邊所占的面積是否相同。原低生

LAS41G、LAS51B 在觀察原導生 HAS47G 直切長方形，各分一半的解法，也讓他想出部落或學校常見的三角形圖案從中直切一半的解法，如圖 6-4-2 的解法二。教師順此想法，進一步畫出不同的三角形，引導小組思考：「每種三角形從中切一半，皆是 $\frac{1}{2}$ 嗎？」喚起小組成員連結四年級剛學過的三角形概念來思考之。小組成員再次經過討論後，發現到「正三角形才能平分為 $\frac{1}{2}$」，如圖 6-4-3。

圖 6-4
原民生的解法

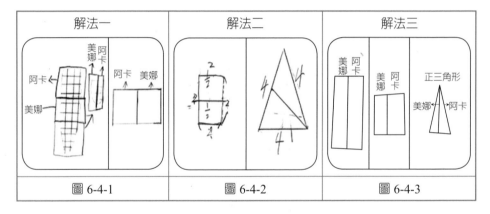

解法一	解法二	解法三
圖 6-4-1	圖 6-4-2	圖 6-4-3

（三）兩校實施同儕輔導模式的特色

1. A 校：筆者觀察該校喜以小組為單位的實施方式，原導生典型的表現為「積極學習者」，他們一看到大學生介入，通常會將導生權給予大學生，與原低生共同成為學習者。例如：

解題任務：教師拿出 2 盒餅乾，其中 1 盒有 6 塊餅乾，1 盒只有 5 塊，分給小隊的 6 人吃。

大學生（UT6）與小組 HAS47G、LAS42B 的對話如下：

LAS42B：就 1 人 1 塊呀！

UT6：那你（原導生）說 6÷6，5÷6 這兩個列式的第 2 個 6，是指什麼？（原低生聆聽原導生的列式說法）

LAS42B：我知道！我知道了！第 2 個 6，是指 6 個人。所以每一位可以吃到 $1\frac{5}{6}$ 塊。

上述對話是由原低生先提出想法，大學生不直接回答解法的正確與否，其因是觀察該校原民生在解題常犯有求快且常出現對概念一知半解的問題，所以大學生使用提問法，可訓練原民生對解題步驟的自我監控。其次從對話中也反映原民生在面臨數、原文化衝突的應對方式。筆者請教族語教師，才知道該族的「平分」語詞，是指「分到」的意思，而未有「公平」的涵義；再加上該族文化具「簡單、嫌麻煩」的特質，很明顯影響學生看到完整的物品不夠分，就容易出現「將剩下的餅乾送給老師或退回給老闆」等想法，影響原民生在分數概念容易「犯錯」。

教師也觀察到民族數學的「直覺」智慧，讓原低生誤以為數學很簡單，於此機會教育告知原民生「原文化與數文化皆具有同等重要性的價值」，反映在民族數學的價值是部落長輩在多次嘗試錯誤後，獲得的寶貴經驗。此種表面看似「直覺、簡單」，但真正實作才知道不是想像中的容易。例如：「一頭豬要分給 20 位賓客，要分的讓大家都覺得公平。」先引導學生利用所學的數學計算，將豬的總重量除以 20，計算每位賓客可以拿到幾公斤的豬肉後，再利用電子秤就可以。但遠古時代沒有電子秤，長輩們須長期累積生活經驗才得此數學智慧，就更屬害了。所以現代的數學和原文化的「生活」智慧對日常生活的問題解決，都同等重要。

2. B 校：筆者觀察此校的同儕輔導進行模式是以隊為單位，原導生往往是全隊最高年級者，如 6 年級；或是比較有自信者。舉例某小隊 4 位成員的討論如下：

解題任務：9 塊餅乾如何平分給小隊成員？

HBS64G（數著餅乾）：2、2、2、2？

LBS42B：1（剩 1 塊餅乾）？

LBS42B：把這個（餅乾）再分給 4 個（人）就可以（提出解題方向）。

HBS64G：嗯！就把它分一半再一半。

LBS62B（觀察許久，加入討論）：嗯！就把它（餅乾）先分一半，然後一半再切一半，另一半也是，這樣就可以把它分成 4 塊，這樣對嗎？

HBS64G：嗯！對，我們用尺先來切一半，再各自切一半，大家就可以公平吃到。

此對話呈現出以學生文化為中心的解法。就實物的分法，筆者觀察兩校都先採一對一的分配法，最後再針對剩下的實物，使用分數概念來解決，而有意義的是學生會應用該族的「中間」語詞的意涵來解題（族語教師告知筆者該族沒有一半的語詞）；以及整個對話都未出現分數的用語（補救教師也分享原民生常用這個、那個的指稱詞，取代或簡化數學詞彙的清楚表達；而單位量也常使用這個、那個，或是對「塊」有不同的數學概念，使之在不同單位的釐清和表達也常出現混淆），但學生卻彼此知道最後的答案是 $2\frac{1}{4}$ 塊（原低生上台發表的答案）。

其次筆者也觀察到同儕輔導模式的成功關鍵在於原導生的領導風格。在此例中，因為原導生 HBS64G 的個性喜歡熱心助人，試圖營造成員皆可發言的平權氛圍，鼓勵原低生發表想法和解法，如四年級的LBS42B 的發言解法思維；LBS62B 描述歸納的解題步驟。她僅在關鍵處提出想法和實際作法，使所有成員都能對小隊產生貢獻；且享有成就感。

二、教學成效

（一）兩校原低生的表徵策略學習成效

兩校原低生的解題表徵作品如圖 6-4、圖 6-5 所示，顯示下列兩部

分的學習成效。

　　解題任務：一根玉米有 15 排的玉米粒，美娜拿走 3 排，請問他拿走（　　）根的玉米？

　　1. 會使用多元表徵：兩校原低生在雙導生的鼓勵創意和加強練習下，逐漸會使用數字以外的表徵來呈現創意的解法。如 A 校使用的表徵類別，依序為圖形表徵（83%）＞數字表徵（50%）＞文字和數字表徵（25%），圖形表徵還展現多元的創意。B 校則為數字表徵（100%）＝圖形表徵（100%）＞文字表徵（17%）。

　　2. 會使用解題表徵轉換策略：分析兩校原低生學到的表徵轉換策略，多數學會使用圖形和數字表徵的轉換，如圖 6-5-1、圖 6-5-3、圖 6-6-4。少數使用文字和數字轉換策略，如圖 6-5-2、圖 6-6-2。

圖 6-5
A 校原低生的數學表徵

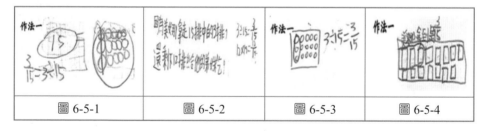

| 圖 6-5-1 | 圖 6-5-2 | 圖 6-5-3 | 圖 6-5-4 |

圖 6-6
B 校原低生的數學表徵

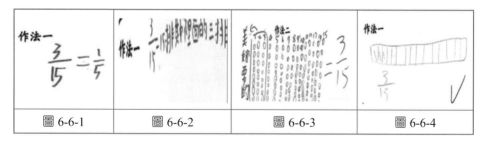

| 圖 6-6-1 | 圖 6-6-2 | 圖 6-6-3 | 圖 6-6-4 |

（二）兩校原低生對模組的回饋

筆者於教學後，請原低生亦繪製數學畫，其作品如圖 6-7 和圖 6-8。從兩校原低生的回饋，發現此模組讓原低生知覺數學學習是快樂的，如圖 6-7-2 的 LAS56B，在畫作中特別將自己、雙導生與好朋友畫出來，並畫出大家參與活動的微笑表情。又如圖 6-8-3、6-8-4，原低生畫出大學生微笑指導自己，且畫出自己學數學以及在與小隊成員互動的快樂表情。可知透過比較教學前、後的數學畫，證明本補救教學模組可提升原低生的正向數學情意。

圖 6-7
A 校原低生接受教學後的數學圖

| 圖 6-7-1 | 圖 6-7-2 | 圖 6-7-3 | 圖 6-7-4 |

圖 6-8
B 校原低生接受教學後的數學圖

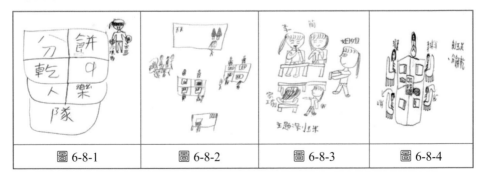

| 圖 6-8-1 | 圖 6-8-2 | 圖 6-8-3 | 圖 6-8-4 |

肆、結語

　　筆者於教學後，對補救教學模組進行教學省思和提出展望，以利補救教師參考。

　　就原文化融入解題任務之設計，透過從原民生的生活和部落情境取材，可降低原低生讀題的負荷及提升參與數學補救活動的快樂和成就感。補救教師的角色宜定位是學生文化的增能者以及原、數文化的連結者；尋找原文化的民族數學，宜偏向是可以操作的教材，並能使學生明顯體會到原、數文化同等重要性的價值；而解題任務的設計，務求最終要回到生活實務的解決，不淪為紙上談兵，以讓原低生感受到數學應用於生活的「有用感」。

　　就解題表徵策略的教學，本文發現原民生不喜歡使用數學名詞和無法細膩表達負向情緒。是以為達成此兩者的訓練，分數解題表徵策略的教學順序可採圖示表徵、口語表達數學詞彙、繪製數學畫、分享數學心情、圖示與文字轉換策略的數學溝通練習。

　　就本文呈現兩校原低生的同儕輔導模式特色，發現當教師給予學生與同儕互動的機會，了解其互動的特色，考慮雙導生制的實施；營造不讓原低生畏懼數學的氛圍；以及教師如能連結學生的舊知識、協助從原文化找到解題工具、鼓勵多元解法等，最具催化同儕輔導模式的順利實施。

　　最後就數學畫作為評量工具，本文發現繪畫可提供教師反思教學策略的適宜性。未來可讓原低生在教學前中後繪製數學畫，運用此工具輔以訪談原低生，更能直接獲得原低生的教學回饋，以利調整教學。

伍、參考書目

中文書目

李仰桓（2018）。消彌原住民與非原住民學生在學習表現上的落差：澳洲的經驗及檢討。取自 https://epaper.naer.edu.tw/index.php?edm_no=171&content_no=2999。

教育部（2019）。國民小學及國民中學學生學習扶助資源平臺──基本學習內容。取自 https://priori.moe.gov.tw/index.php?mod=resource/index/content/basic_con。

黃志賢、林福來（2008）。利用活動理論分析臺灣泰雅族國中生的數學學習並設計教學活動。科學教育學刊，16，2，147-169。

黃應貴（1998）。政治與文化：東埔社布農人的例子。臺灣政治學刊，3，115-193，DOI：10.6683/TPSR.199812_(3).0003

趙聰義（2021）。分食。臺灣原住民歷史語言文化大辭典。取自 http://210.240.125.35 /citing/citing_content.asp?id=3816&keyword=%B8o。

英文書目

Borthwick, A. (2011). Children's perceptions of, and attitudes towards, their mathematics lessons. *Proceedings of the British Society for Research into Learning Mathematics, 31*(1), 37-42.

Hartinah, S., Suherman, S., Syazali, M., Efendi, H., Junaidi, R., Jermsittiparsert, K., & Umam, R. (2019). Probing-prompting based on ethnomathematics learning model: The effect on mathematical communication skills. *Journal for the Education of Gifted Young Scientists, 7*(4), 799-814, DOI: 10.17478/jegys.574275.

Huang, T. H., Liu, Y. C., & Chang, H. C. (2012). Learning achievement in solving word-based mathematical questions through a computer-assisted learning system. *Journal of Educational Technology & Society, 15*(1), 248-259.

Lave, J., & Wenger, E. (1991). *Situated learning: legitimate peripheral participation.* Cambridge University Press.

Lesie, R. Nath., & Steven, M. R. (2001). The influence of a peer-tutoring training model for implementing cooperative groupings with elementary students.

ETR&D, 49, 41-56. ISSN042629.

Lisa, L. M., Silvana, M. R., Watson, S., Hester, P., & Raver, S. (2017). The use of a bar model drawing to teach word problem solving to students with mathematics difficulties. *Learning Disability Quarterly, 40*(2), 91-104.

Malchiodi, C. (1998). *Understanding children's drawings.* The Guilford Press.

Smith, T., & MacDonald, A. (2009).Time for talk: The drawing-telling process. *Australian Primary Mathematics Classroom, 14*(3), 21-26.

Utami, N. W., Sayuti, S. A., & Jailani, I. (2020). An ethnomathematics study of the days on the Javanese Calendar for learning mathematics in elementary school. *Ilkogretim Online-Elementary Education Online, 19*(3), 1295-1305. http://ilkogretim-online.org.tr. DOI: 10.17051/ilkonline.2020.728063.

Yong, P. C., Jiar, Y. K., & Zanzali, N. A. A. (2012). Mathematics remediation for indigenous students with learning difficulties: Does it work? *Online Submission, US-China Education Review, 1022-1033.*

第七章

遊戲融入低成就學生的數學學習：以數學奠基活動為例

謝佳叡

國立臺北教育大學數學暨資訊教育學系助理教授

　　長久以來，數學科目一直是多數學生的難關。許多學生因為無法在數學科上有好的學習成就而逐漸失去了學習數學的興趣與熱忱，因此如何將數學教得讓學生感到既實用又有趣，成了現場教師的挑戰之一。早在西元前 400 年，西方社會已提出「寓教於樂」的概念，遊戲式學習（Game-Based Learning, GBL）作為一種教育方法在現今也已廣泛被研究人員與教學人員認可（Hamari et al., 2016），這也讓遊戲融入數學教學成為數學學習扶助一個可行的進路。本文從遊戲融入數學學習為主旨，並以數學奠基活動為例，提供遊戲融入數學學習對於低成就學生數學學習的相關研究，最後分享研究團隊實際執行數學奠基活動（遊戲融入）課堂的經驗。

壹、前言

　　「數學奠基活動」這個想法是在 2014 年由國立臺灣師範大學數學教育中心林福來教授所提出，其具體的執行方式是透過「就是要學好數學」（Just Do Math, JDM）計畫來進行。該計畫同時受科技部與教育部的支持，自 2014 年執行至 2021 年期間，其主要任務大致可區分成三階段，分別是：數學奠基模組研發與推廣活動、數學奠基進教室及其教學影片研發與推廣，以及數學單元素養模組包（2021 年更名為「109素養奠基包」）研發。但或許多數人不清楚，這個目前在中小學教育現場廣為大家所熟知的數學奠基活動，其創立之初的主要任務是為了幫助低成就學生的學習。

　　數學奠基模組的創立，是有鑒於教育當局自 2003 年實施一系列的補救教學方案在歷經 10 年後其成效仍受外界質疑。在 1999-2011 年的「國際數學與科學教育成就趨勢調查」（TIMSS）評比中，臺灣學生的數學表現低成就群之比例，四年級仍約在 7-8% 之間、八年級約有 12-15%；其他如學習數學的自信心方面，2011 年低自信學生比例在四年級高達 38%、八年級更來到 67%；而在學習數學興趣方面，低興趣學生

比例四年級和八年級都是 32%。因此國立臺灣師範大學數學教育中心主張，要提升臺灣低成就學生之數學學習成效，應先提升其自信與興趣（林福來，2015），也促使 JDM 計畫的誕生。

不同於教育部「攜手計畫－課後扶助」方案、「國民小學及國民中學學習扶助實施方案」等有關於補救教學的計畫採取課後教學「補過去或補當下」之方式，JDM 計畫採用的是一種「補未來」的概念，認為學生之所以無法在課堂學會數學，是因為在學習該單元時沒有具備足夠的經驗，因此該計畫輔導準備不足的學生學習數學之基本策略為「奠基」，使用的方式就是數學奠基活動，而數學奠基活動的重要內涵之一就是透過數學遊戲。所謂「奠基」，是指在學生學習前，先讓學生經由活潑有趣的數學活動或遊戲，激發學生對數學的興趣與學習動機；同時，在進行數學活動時，養成學習數學內容的具象經驗，讓學生體會與數學單元連結的關鍵點，之後進入數學教室學習相關單元時能具象有感的學習（林福來，2015）。這也能與教育部的「國民小學及國民中學學習扶助資源平台」相輔相成，共同提升學生的數學學習成就。

JDM 計畫包含奠基活動的設計與開發、活動師培訓、好好玩數學營營隊辦理，以及模組設計師培訓等等。考量到好好玩數學營須用課外時間辦理，所能觸及之學生有限，JDM 計畫於 106 年度開發「數學奠基進教室模組」，致力將 90 分鐘的奠基模組轉化為可應用於一般課堂上使用的「數學奠基進教室模組」，希望能使更多學生受惠。由於數學奠基活動的精神，不是在於直接教導學生某些數學方法或是解題技巧，而是使學生在學習某個目標概念或方法**之前**，先引起學生學習動機，為學生「奠」定學習的「基」礎，因此有人會問：「低成就學生當下的都學不會了，怎麼教會他未來要學的呢？」這時候遊戲融入就發揮了作用。學生在玩遊戲時，因為想贏而可以突破年齡的差異、願意學會複雜的規則，因此使用遊戲融入成了數學奠基活動的內涵。

補救教學最終的成效仍是學會數學，因此學生是否能夠真的經由數學奠基活動，打下目標單元的學習基礎，形成對於未來學習目標的前置

概念，以及這些概念是否在一段時間之後得以保留，都是數學奠基活動或者說是數學遊戲是否眞正對學生學習數學有幫助的決定因素。

貳、遊戲融入數學學習

　　韓愈在《進學解》中說到：「業精於勤荒於嬉，行成於思毀於隨。」俗話也說「愛玩是人的天性」，都顯示玩耍、嬉戲對於學習的阻礙，但藉由遊戲來幫助學習卻不是一個新的概念。從上世紀 1960 年代開始，遊戲在兒童認知發展所扮演的角色就一直受到學者注意（Bruner, 1960; Ellis, 1973; Frost & Klein, 1979; Piaget, 1962; Vygotsky, 1976）。根據施力瑋（2013）的研究調查，2008-2012 年間影響係數較高的 5 本 SSCI 期刊中有關遊戲式學習的研究論文至少就有 175 篇。侯惠澤（2016）在《遊戲式學習》一書中就爲遊戲對學習的幫助下了一個簡單的註解：「**學習不盡然要付出焦慮與痛苦的代價，藉由遊戲將學習的背景建立在激發人們對於求知的渴望，學習也就不再遙不可及和令人懼怕！**」

　　遊戲融入數學教學在二十世紀也有長久的歷史，坊間很多桌上遊戲（board games）或卡片遊戲（card games）也成爲遊戲融入數學教學的主流活動，但許多研究者對於這些遊戲活動如何融入數學教學，大多聚焦於解釋其數學面向（如 Gough, 2001），或是解釋數學遊戲背後的解題策略（如黃毅英，1993），這些研究相對地較少著墨在這些遊戲如何幫助學生的數學概念發展。許多一線教師的體悟也是認爲，雖然學生很喜歡在數學課中使用遊戲，但在情境與現實考量下，遊戲很難與教學單元搭配（林嘉玲，2000），經常發生學生玩歸玩，一到了課堂學生又打回原形了。

　　正式對遊戲融入數學學習提出相關理論的，最早可以追溯至上個世紀 1960 年代，如 Z. P. Dienes 根據皮亞傑的學習心理學提出了遊戲融入數學學習歷程的理論，他在《*Building Up Mathematics*》一書中

提出了數學概念可透過遊戲經由六個階段建立，分別為：自由玩、加入規則、尋找共同性、描述與表徵、符號化，以及形式化（Dienes，1960），而這六個階段也成為數學奠基活動模組開發的理論基礎之一（林福來，2015）。而在數學學習實務方面，許多學者將焦點放在遊戲融入數學單元教學對於學生數學解題策略與學習成效的影響，如Krulik 與 Rudnick（1983）。然而，綜觀這些研究，會發現對於學生數學學習成效而言，遊戲融入教學對於學生學習成就的影響不一定具有顯著差異。例如：Cody 等人（2015）發現，讓學生自行創造遊戲並從中摸索，能夠讓他們對遊戲中涵蓋的數學概念有更深層的了解，並且能降低學習上的焦慮感，但之後的評量成績差異不大。Ku 等人（2014）的結果也顯示對於高、低成就學生而言，遊戲融入會改善低成就學生的學習成效，但對高成就學生的學習成效差異並不大，這也讓遊戲成為數學補救教學一種可行的策略。

儘管遊戲融入數學教學對於學生數學學習成就不一定具有顯著的影響，然而，國內外的數學教育研究皆顯示遊戲融入中小學數學教學，若是設計得當，對於學生的學習動機與學習興趣均會有正面的影響。例如：Bragg（2003）指出，學生認為若是數學遊戲本身操作簡單，且能從中獲勝並得到快樂，那麼將能帶給他們正面的活動經驗，因此教師在設計遊戲時也應朝此方向使學生將遊戲中的愉悅感與學習數學產生連結，進而提高學習態度。Nisbet 與 Williams（2009）從學生的情意面分析學習動機、學習成效、學習情緒之間的循環關係，研究結果顯示數學活動的進行能幫助學生在短期間提升學習動機、降低學機率時的焦慮，並肯定機率在生活中的用處。但也有學者指出，一味地融入遊戲不一定能成為好的教學，能不能引動數學思考才是重要的，因為學生的學習參與與他們在 GBL 環境中數學思維的發展有關（Moon & Ke, 2020）。

上述所指稱的遊戲都是透過簡單有趣的活動、遊戲、紙牌、桌遊、教具、繪本、口語指令等，不經過電腦或數位課程。而新的世代

中，電腦、平板、手機成為大眾產品，因此除了實體遊戲之外，「數位遊戲式學習」（Digital Game-Based Learning）也成為一種教育潮流，因此近年來試圖將數位遊戲作為輔助數學教學工具的研究，包含遊戲提升數學學習興趣、數學學習自信等研究如過江之鯽。不同於實體遊戲融入教學研究，這些數位遊戲融入教學的研究顯示數位遊戲除了自信與學習興趣有正面的提升，也有助於學業成績上的進步（Abdul Jabbar & Felicia, 2015; Clark et al., 2016）。這些研究都指出，學生之所以能在遊戲式學習中提升情意面，是因為在遊戲中學生可以自由操作學習內容，不再只是聽講而不思考，而這樣具有學習的主控權往往有助於學生課堂的參與。

　　綜上所述，遊戲融入數學教學對於學習動機、自信與興趣通常有正面的效果，而數位式遊戲則可提升中低成就學生的學習成效。英家銘（2017）進一步將數學奠基模組立方體展開圖做成應用程式（App）數位遊戲，並進行對學生學習成效與情意影響研究，發現 App 能引發學生動機，讓數學課變得更有趣。認知上，學生也能主動學習，甚至可以不需要教師教學，學生能自己摸索，教師的角色是提供一個任務的賦予者與秩序維護，其餘任務的說明與執行，學生皆可以透過自己與平板的互動。該研究也發現不需要太多精熟的練習，遊戲以重複三次為最佳學習效果，這也能提供精熟式教學的參考；研究也發現，使用 App 教學能跳脫年級的隔閡，換言之，很容易進行混齡教學，且沒有性別差異問題，這樣的情況也能在遊戲式學習中看到。

參、數學奠基活動：以桌上遊戲作為一種數學表徵的學習模式

一、數學奠基模組：桌上遊戲作為一種數學表徵

　　桌上遊戲簡稱為桌遊，含括各式各樣有規則且能夠在平面上進行的遊戲，進行遊戲時需要操作所附的配件（如棋子、骰子、卡牌），

而遊戲結束時會有輸贏之分。桌遊是不插電的，單純以規則與配件來進行，且參與者面對面進行，所以，又有另一別名為「不插電遊戲」。本文所指的桌上遊戲，是數學奠基模組中使用的桌上遊戲。林福來（2015）覺得臺灣學生的數學學習往往重視演算，缺少數學概念發展所需仰賴的先備經驗，教師經常直接告知規則，以至於學生感覺數學很抽象，缺乏具體。將桌上遊戲融入奠基教學，除了能奠定學生數學概念理解的基礎，也能讓學生提升「數學有用性」的知覺及增強學生對數學的成就感。可以看出數學奠基活動的一大特色就是以桌遊作為教學設計的主要手法，因此每一個數學奠基模組都會搭配著桌上遊戲。

數學奠基活動背後的理論基礎包含有結構主義、有意義學習理論、布魯納發現式學習、表徵理論、動機理論、遊戲學習理論、數理直觀理論等等（林福來，2015）。數學奠基模組就是依數學奠基活動理念所設計的模組，模組中使用了各種不同形式的遊戲器材，包含常見的積木、扣條、撲克牌、棋子等，也有特製研發的紙牌、模型、桌遊等。其遊戲形式也十分多樣，例如：競賽活動、合作活動、魔術表演等，以競賽活動來說，又可以分為小組競賽及個人競賽，所採用的小組競賽還可以分成組間型和組內型等。在這些不同形式的遊戲中，數學魔術對學生來說，更具有特別的吸引力。

數學奠基活動是將數學學習內容，以桌上遊戲的方式包裝起來，因此，與其說數學奠基活動是一種教學模式，更貼切地說數學奠基模組是一種特殊的數學表徵方式，也就是把數學概念以「數學桌上遊戲」的表徵形式呈現，讓學生在有趣、競爭、實際參與的遊戲中，潛移默化地吸收了數學遊戲背後的數學想法與概念，尤其在缺乏學習動機的補救教學學生上，提升學習動機與學習趣味化可能是改善學生參與的重要關鍵。有實徵研究指出，數學奠基活動確實能提高數學低成就學生的學習動機，並且降低迷思概念的發生，如許鳳紋（2020）的研究指出，數學奠基活動不但能在課程中激起學生思考與探索的動力，也能提升學生的文字表達能力；林家卉（2017）的研究也發現，比與比例單元的數

學奠基活動對國小學生「數感」及「比與比值」學習成效有正面影響，除了能提升學生的運算能力，也能讓學生體會學習數學是有用且與生活相關的。

目前臺灣師範大學數學教育中心網站也陸陸續續分享了數學奠基模組 3D 動畫版模組遊戲規則介紹的影片，讓在教學現場第一線的教師們，可在進行數學奠基活動教學前，使用動畫中簡單有趣的故事情節說明遊戲與介紹模組，如此也讓教師們在教學時有更多的操作時間，不用擔心活動時間不夠而影響了教學進度。

二、數學表徵在學習上的意義

爲了說明以桌上遊戲作爲一種數學表徵這樣的認定是否合適，有必要對於數學表徵的意義加以描述。在 2000 年 NCTM 公布「學校數學之原則與標準」（Principles and Standards for School Mathematics）後，有關數學表徵的研究隨之獲得大量數學教育學者的關注。數學概念、方法、思維、想法等，不管在腦中或是抽象的存在，都是無形的，因此教師在進行數學概念或與學生溝通時，就必須把它用某種方式或是樣貌呈現出來，這種展現的樣貌就是數學表徵。由於數學概念都必須透過某種外顯的方式表達出來，因此在教學時教師選用適切的教學表徵對於教學成效有著關鍵性的影響，這也就是表徵爲教學者重視的地方。

有關表徵的研究，表徵系統大致上可以被分成兩大類：個人腦中的「內在表徵」（signified; internal representation），以及表現於溝通或記錄的「外在表徵」（signifier; external representation）（Goldin & Kaput, 1996）。其中，內在表徵扮演著人們對於概念、語言、題意的解讀，以及呈現自我內在心像的角色；外在表徵則是以語言、文字、符號、圖形或物件等作爲人與人、人與數學溝通，以及幫助解題的工具。因爲數學概念必須透過表徵來進行溝通，因此教師在表徵的選擇與使用上，經常需要和學生的認知理解連接在一起。但在作者考察國內外多數對於數學表徵研究所關注的幾種表徵形式中，發現這些研究

多未將「數學遊戲或桌上遊戲」形式列入數學表徵之考量（謝佳叡，2020）。儘管數學遊戲作為一種數學表徵較少為探究數學表徵學者所注目，但細究數學遊戲的本質，並不能否認數學遊戲是能承載數學概念的一種樣貌，且能引起學生共鳴的表徵，甚至能透過補救教學學生的參與意願程度加以檢驗。就像我們在玩「撿紅點」遊戲時，包含「合十配對」、「整數加法」、「加法交換律與結合律」、「代數恆等式」、「抽象賦值」（如紅色 A 是 20 分，9、J、Q、K 都代表 10 分）、「風險管理」……等數學概念已經融在其中。

總的來說，數學奠基活動不但是一種教學模式，數學奠基模組也是一種特殊的數學表徵方式，把數學概念以數學桌上遊戲的表徵形式呈現，讓學生在有趣、競爭、實際參與的遊戲中，潛移默化的吸收了數學遊戲背後的數學想法與概念，尤其在缺乏學習動機的補救教學學生上，提升學習動機與學習趣味化可能是改善學生參與的重要關鍵，也使得「桌上遊戲」這種數學表徵成為一種改善補救教學策略。

三、概念的保留與提取

無論何種教育觀點或學習理論，教學的一個重要的目的即是希望學生在學習活動過後，能夠將學習的內容、概念與知識保留下來，奠基模組教學活動當然也不能置身其外。奠基活動既然是在學生正式學習數學單元前先讓學生經驗有趣的數學活動，倘若數學奠基活動學習後無法將數學概念保留，有如船過水無痕般，則學習活動將失去意義，也不可能對未來的數學學習產生成效。因此，使用數學奠基活動必須面對的是，概念學習是一個漫長的結果，僅僅透過 90 分鐘或一節課的遊戲式學習，真能讓學生將數學概念保留？而學生保留下來的到底是什麼？

要回答這個問題，我們就得思考數學奠基活動中，所奠的「基」是什麼？本文將這個「基」視為是人們認識事物的最基本的認知結構，也就是認知學派學習理論經常使用的基模（scheme）。認知學派學習理論的基模，其中 Piaget 與 Bruner 兩位在學習上被稱為是認知發展論

的代表者。在 Bruner 的發現學習論中，他將人類對於從所遭遇的環境中之事物，經知覺而將外在事物轉換爲內在事物的過程稱爲認知表徵（cognitive representation）（張春興，1996）。Bruner（1966）將兒童的認知發展分爲三個時期：(1) 動作表徵期：兒童了解周遭事物的方式是透過動作與實物的實際操作；(2) 影像表徵期：學習的獲得是經由圖片在感官中留下印象；(3) 符號表徵期：了解事物的方式能夠透過抽象符號與語言。因此，教師呈現教材的方式若能夠符合學生認知表徵方式，讓學生培養感覺，進而讓學生獲得先備的具體或抽象概念，那麼學生未來對於學習目標中的數學概念學習也會較爲容易。前一節我們提到表徵系統有二，其中內在表徵系統可以視爲一種概念心像（謝佳叡，2011）。換言之，數學奠基活動是讓學生先經驗相關的遊戲或活動，形成原始概念心像之後把這些概念心像保留，並一直待到正式概念學習後，再從記憶中提取。因此，讓學生將概念心像保留至正式學習的情境，是至爲重要的事情，而這也是數學奠基活動能成功的關鍵。

　　概念如何被保留下來，不免得提到資訊處理理論的長期記憶。當中，Paivio（1976）提出的雙重編碼理論將長期記憶分爲表象系統與語言系統，認爲人們分別以表象代碼和語意代碼來儲存訊息。由此觀之，將訊息以適當的表徵輸入腦內，以及以適當的方式儲存對於奠基模組是否有效是至爲重要的。因爲心像本身就常被用來協助記憶訊息，如位置法、組織法等，因此，將原本的數學概念加以轉換成適合的表徵，並以適合的表徵來表達教學內容，對於學生的概念心像保留也定能起到關鍵作用。而遊戲本身是具有「系統組織」的機制，有組織本身就是幫助記憶的方法，加上遊戲的本質就是「親自玩」，「做中學」也是保留記憶的方法，因此透過遊戲對於數學奠基模組中所帶來的概念心像保留也有幫助。Hogle（1996）就提出遊戲對於學習的優點之一就是保留記憶，認爲相較於傳統的課程，遊戲在記憶保留方面有較好的效果。而這件事也並未違反我們對於遊戲的記憶保存可以較長久的具體體現。

肆、數學奠基活動作為學習進路的實踐與成效

　　數學奠基活動以往是搭配好好玩數學營實施，是在寒暑假或假期中以營隊方式進行。由於數學奠基活動或好好玩數學營的教學從 2014 年至今已有許多實際教學案例，讀者們也可以透過數學教育中心的影片得到相關內容（參考網址：https://www.sdime.ntnu.edu.tw/），不在此贅述。本文接下來所介紹的，是兩位教學者真實的教育實例，國中與國小各一，其中國中是改編「數學奠基進教室」，國小則是以原模組進行。案例中，教學團隊將數學奠基模組教學融入於數學低成就學習扶助（補救教學）的課堂中，以下分別就實施背景、進行方式與模組介紹、教學觀察，提供給讀者參考。最後以活動的反思與建議作為本文的結束。

一、國中案例（七年級學期中數學課堂實施）

（一）實施背景

年級	七年級（整班）	主題（單元）	一元一次方程式
教學者	許鳳紋老師	教學時間	三個單元，每個單元五節課
選用模組	「猜猜看有多少個棋子」、「猜拆紅牌你是誰」、「數字神蹟數學魔術」。完整模組請參考師大數教中心網址 http://www.sdime.ntnu.edu.tw		
對應單元／教學目標	配合七年級「一元一次方程式」內容的三個單元： 3-1 式子的運算 3-2 解一元一次方程式 3-3 一元一次方程式應用問題		
說明	原模組是針對營隊所設計，活動進行時間皆為 90 分鐘，經教學者進行模組改編後可於課堂上使用，時間為 45 分鐘。		

（二）進行方式與模組介紹

　　原定教學時間各單元皆為五節課，數學奠基活動一般是在新單元開始教學之前進行，所以教學安排所改編的模組皆在各單元的第一節課實

施，之後的第二至第五節進行既有的課本教學內容。值得一提的是，雖然第一節課使用遊戲教學使得一開始進度比正常班級規劃慢，但發現由於第一節遊戲帶進單元學習後，學生參與度增加，所得到的學習經驗反而讓後幾節的教學進度減縮。

使用的三組「數學奠基進教室」模組改編想法：

1.「棋子裝裝樂」改編自「猜猜看有多少個棋子」。原模組活動內容共有六個階段 20 個活動，利用將棋子裝入小袋中的實體操作，讓學生將複雜的文字敘述化繁為簡，並觀察數與量之間的關係。模組的設計為增加樂趣並結合密室桌遊盒，盒子共有四層，活動有三個關卡，上面三層分別用不同的密碼鎖上鎖，裡面則有題目，解出題目的答案則是開鎖的密碼，最後一層放寶物金幣巧克力，學生須解開前一個密碼才能進行到下一層，解開三層密碼鎖才能獲得寶物。考量學生是第一次接觸數學奠基活動且平常上課較少實體操作的活動，所以改編活動上會挑選原模組一個適當的題目作為關卡題目。題目敘述內容皆一樣，只是改編問法並將答案的數字變成密碼鎖的密碼。以下三個改編後模組請參見許鳳紋（2020）的報告。

2.「小紅帽堆積木」改編自「猜拆紅牌你是誰」。原模組活動內容是透過拼圖片的具體操作，讓學生在給定的條件下將拼圖片排成等長的兩列，進行討論並記錄結果。本模組的設計為增加樂趣，因此同樣結合密室桌遊盒，如同前一個模組，每層有三個關卡，每一關卡有三個題目，而解出題目的答案則為開鎖的密碼，學生皆完成後，則可拿到寶物金幣巧克力。考量學生已是第二次接觸數學奠基活動，所以挑選密室桌遊盒內的關卡題目時，盡可能挑選不同類型，有的是等量加法的概念；有的是等量減法；有的是等量乘法或除法，有的是綜合上述的其中二類。

3.「神奇的數字」改編自「數字神蹟」模組。模組活動內容是由教師找一位同學進行數學魔術，先請學生隨意從 50-100 裡挑選最喜歡的一個數字，依教師的指示進行四則運算，最後學生算出的結果與教師的

預言是一樣的。本模組活動流程大致與原模組一樣，唯一不同是原模組會使用打火機燃燒紙條產生灰燼顯現數字，基於安全性考量，故把此過程改為信封裝預言紙條。

（三）實施時之教學觀察（取自教學者的觀察記錄）

整體來說，由於班上同學首次使用奠基活動進行教學，剛開始教師和學生都未適應這樣的教學法，心中也會產生疑慮。尤其對某些程度好的學生，數學奠基活動雖能增加學習興趣，但課堂中實施時會以一種較不重視、輕忽的態度，甚至在課後會回應說不一定要用玩來學習才能提高成績。

而對數學奠基活動產生興趣者，則可以觀察到大部分都認為遊戲是有趣的。尤其當小組內的同學經由互相討論進而開心的擊掌為解開密碼鎖而歡呼，開心之情溢於言表，甚至一些在活動中表現內向的同學，內心其實是活潑的。甚至請假的同學透過交流都可以感受到活動時的歡樂氛圍，他們會開始期待下一個單元要上什麼樣的數學奠基活動，在課餘時間仍會主動積極詢問，也與同學互相討論有關活動延伸性的問題，形成下課後最美麗的風景。尤其在數學奠基活動該節時間快結束時，當教師提醒學生時間快到了，學生回應：第一次感到數學課過得好快。

二、國小案例（四年級暑期數學學習扶助課程實施）

（一）實施背景

年級	四年級暑期參與學習扶助的學生	主題（單元）	四年級課程內容
教學者	邱靜彣老師	教學時間	每個模組兩節課（80 分鐘）
選用模組	本課程共實施 11 個數學奠基模組，每個奠基模組分別進行兩節課的時間，模組名稱參看下一節。		
說明	實施時間為四年級學生即將升上五年級的暑假期間，參與學生來自不同的班級共 11 人，其中有 3 女 8 男。這些學生皆符合學習扶助篩選測驗標準：其學習成就為班上後三分之一，篩選測驗未通過，且家長願意讓孩子參加學習扶助課程的學生。		

（二）進行方式與模組介紹

本次暑期學習扶助課程共計 13 天，每天上午有四節課，兩節數學、兩節國語。由於是暑期學習扶助課程安排較具彈性，因此本課程針對重要的數學內容，選用相關的數學奠基模組共 11 個，其中在數與量方面有 6 個，幾何方面有 5 個（包含一個使用平板）。模組名稱與對應的數學內容如下：

1. **數與量內容**

(1) 接力棒：乘加混合併式。

(2) 分數心臟病：假分數化成帶分數。

(3) 占地爲營：整除。

(4) 數棒：整除、因數。

(5) 數戰棋：因數與倍數。

(6) 數字賓果：怎樣解題？（雞兔問題）

2. **幾何內容**

(7) 蓋樂牌：三視圖。

(8) 將軍與傳令兵：立體形體的結構、三視圖。

(9) 層出不窮：體積。

(10) 等積異形：等體積不同形體不同表面積。

(11) 六合聖方：立體形體的展開圖。

上述 (1)-(10) 之完整模組內容參考師大數教中心網址網址：http://www.sdime.ntnu.edu.tw；(11) 六合聖方的模組是經英家銘（2017）改編之數學奠基模組，使用平板教學的數位遊戲，詳細請參閱該報告。值得一提的是，這些選用的模組內容不只是四年級的內容，有的是五、六年級，甚至有的國中才會講到，但就遊戲本身，學生卻都可以參與，也都願意參與，也證實了數學奠基活動能爲之後學習單元提供學習經驗。

（三）實施時之教學觀察（取自教學者的觀察記錄）

本次活動首次在完整的暑期學習扶助（補救教學）課程使用數學奠

基活動，由於參與的四年級學生符合學習扶助篩選測驗標準，實際上幾乎是正規課堂完全跟不上的學生，他們一開始參與課程時學習意願也很低落，甚至不能專心於課堂。因此在開始課程規劃時，希望可以透過數學奠基活動激起他們的參與，實際上這個策略是奏效的。大多數模組都是遊戲競賽，因此課程是採分組進行，在上完這些課程後，至少觀察到以下幾點：

1. 藉由分組合作學習，能力相對較高的學生願意協助能力較低的學生。這些學生平常在課堂上並沒有這樣的機會，因此可以看到他們的自信。

2. 透過遊戲式的數學奠基模組教學，對於新的數學學習內容，學生亦能嘗試學習新的數學概念（許多內容對於這些學生來說如同新的）。

3. 實施數學奠基模組教學，學生能專注於課堂學習。

4. 學生參與數學奠基模組教學，碰到困難時，願意嘗試使用方法達成任務。

5. 課堂結束後，學生仍會持續討論數學奠基模組教學的內容，亦會期待更多數學奠基模組的學習。

三、反思與建議

儘管上述的兩個教學活動發生在不同的階段（國中 vs. 國小）、不同的課程（正課 vs. 暑期）、不同的學生背景（全班 vs. 低成就學生），但都有一個共同點，教學者使用數學奠基活動的初衷都是因為想改變數學上課的方式與內容。在此引用第一位教學者許鳳紋老師的自述：「自從任教國中以來，發現學生對於數學的學習顯得較無感且自我的學習意願也較低落，尤其是遇到要考數學時，學生常會充滿著無奈的表情。每上完數學課，學生一到下課時間便衝到教室外打球。一次參加師大數學奠基活動的研習，將所學到的數學奠基活動運用在暑期的趣味數學課中，發現學生在活動後的下課時間，仍然會繼續熱絡地討論著所給予的

延伸性問題，形成了教室裡最美麗的風景，也讓我有所感動，所以決定試著將奠基模組運用在正式課堂上。」事實上，許老師在課堂上使用奠基模組後，某種程度確實也達到這樣的效果，尤其對中後段的學生更有成效。

從許鳳紋老師的教學觀察中，也發現不是每一位學生都接受這樣的教學，一些程度好的學生並不樂於參與這樣的活動。由於該單元剛好是一次段考的範圍內容，根據許老師的統計，發現經過數學奠基活動的教學後，該班在段考成績上並沒有明顯的增加。這件事卻沒有讓許老師感到洩氣，從另一個角度看，學生在成績上並沒有降低，這是值得欣慰的事，因為這告訴我們花了多堂課進行數學遊戲而不是教進度或精熟練習，成績並沒有降低，但換來的是學生數學課的參與、學習自信與數學的延伸討論，讓她未來繼續使用數學奠基活動更有信心。

第二位邱老師提到：「這班四年級的學習扶助學生平常數學課就是課堂中的客人，甚至都跟不上，但這次數學奠基活動，這些內容不只是四年級的內容，有的是五、六年級，甚至是國中的數學內容，但藉由數學奠基模組，且經由教師說明遊戲規則，學生都可以也願意參與，他們使用自己已學過的數學內容，嘗試完成任務，期望能在遊戲中得分並獲得勝利，根本不在意裡面的數學內容是不是學過。因此，即使是參與學習扶助的學生，透過數學奠基模組，亦是有足夠的能力學習更高年級的數學內容。」從這個實例也可以看出，若能在正式學習到這些數學內容之前，讓學生體驗有感的數學奠基模組，學生對後續將學習到的數學課程將更有學習的信心。

由於數學奠基活動的概念是「補未來」，因此進行數學奠基活動最令人感到無奈的是短時間內無法看到成效，甚至無法檢驗成效，加上學習本身就是一個複雜的因素，因此即便後來學生數學有起色也很難歸因於這些「數學遊戲」，但教學過程與學生的自信、課堂參與是無法否定的。或許許鳳紋老師的信念能作為本文的註腳，進行數學奠基活動成績沒有降低，但換來的是學生數學課的參與、學習自信與數學的延伸討

論，就值得推動了。

伍、參考書目

中文書目

林家卉（2017）。**桌遊奠基融入教學策略對國小學生「數感」及「比與比值」學習成效之影響**。國立中正大學碩士班學位論文。

林嘉玲（2000）。**數學遊戲融入建構教學之協同行動研究**。國立花蓮師範學院國小科學教育研究所碩士論文，未出版。

林福來（2015）。**就是要學好數學（JUST DO MATH）結案報告**。國立臺灣師範大學數學教育中心。

侯惠澤（2016）。**遊戲式學習**。親子天下出版。

施力瑋（2013）。**遊戲式學習研究的現況、成果與課題**。國立臺灣師範大學科技應用與人力資源發展學系碩士學位論文，未出版。

英家銘（2017）。數學奠基模組行動應用程式（Apps）對於國小學生數學學習成效與動機之影響研究。**105 年科技部補助專題研究計畫成果報告**。計畫編號：MOST 105-2511-S-038 -009。

張春興（1996）。**教育心理學——三化取向的理論與實踐**。東華書局。

許鳳紋（2020）。**數學奠基活動在課堂上的運用對國中生數學學習成效與動機之影響**。國立臺北教育大學數學暨資訊教育系碩士學位論文，未出版。

黃毅英（1993）。遊戲與數學教學。**數學傳播**，17(2)，52-68。

謝佳叡（2011）。**中學數學實習教師之數學教學概念心像探究**。國立臺灣師範大學數學系博士論文，未出版。

謝佳叡（2020）。國小職前教師有關表徵選擇之數學教學概念心像探究：引進文字探勘技術分析。**108 年科技部補助專題研究計畫成果報告**。計畫編號：MOST 108-2511-H-152 -001。

英文書目

Abdul Jabbar, A. I., & Felicia, P. (2015). Gameplay engagement and learning in game-based learning: A systematic review. *Review of Educational Research, 85*(4), 740-779.

Bragg, L. A. (2003). Children's perspectives on mathematics and game playing. In L. Bragg, C. Campbell, G. Herbert, & J. Mousley (Eds.), *Mathematics education research: Innovation, networking, opportunity, proceedings of the 26th Annual Conference of the Mathematics Education Research Group of Australasia* (Vol. 1, pp. 160-167). Sydney: MERGA.

Bruner, J. S. (1960). *The process of education.* Harvard University Press.

Bruner, J. S. (1966). *Toward a theory of instruction.* Harvard University Press.

Clark, D. B., Tanner-Smith, E. E., & Killingsworth, S. S. (2016). Digital games, design, and learning: A systematic review and meta-analysis. *Review of Educational Research, 86*(1), 79-122.

Cody, K. J., Rule, A. C., & Forsyth, B. R. (2015). Mathematical game creation and play assists students in practicing newly-learned challenging concepts. *Creative Education, 6*(14), 1484.

Dienes, Z. P. (1960). *Building up mathematics.* Hutchinson Educational.

Ellis, M. J. (1973). *Why people play.* Prentice-Hall.

Frost, J. L., & Klein, B. L. (1979). *Children's play and playgrounds.* Allyn and Bacon.

Goldin, G. A., & Kaput, J. J. (1996). A joint perspective on the idea of representation in learning and doing mathematics. In L. P. Steffe and P. Nesher (Eds.), *Theories of mathematical learning* (pp. 397-430). Lawrence Earlbaum.

Gough, J. (2001). Play mathematical games. *Australian Primary Mathematics Classroom, 6*(1), 15-19.

Hamari, J., Shernoff, D. J., Rowe, E., Coller, B., Asbell-Clarke, J., & Edwards, T. (2016). Challenging games help students learn: An empirical study on engagement, flow and immersion in game-based learning. *Computers in Human Behavior, 54,* 170-179.

Hogle, J. G. (1996). *Considering games as cognitive tools: In search of effective "Edutainment".* University of Georgia Department of Instructional Technology.

Krulik, S., & Rudnick, J. A. (1983). Strategy game and problem solving: An instructional pair whose time has come! *The Arithmetic Teacher, 83*(12), 26-28.

Ku, O., Chen, S. Y., Wu, D. H., Lao, A. C., & Chan, T. W. (2014). The effects of game-based learning on mathematical confidence and performance: High ability vs. low ability. *Journal of Educational Technology & Society*, *17*(3), 65-78.

Moon, J., & Ke, F. (2020). In-game actions to promote game-based math learning engagement. *Journal of Educational Computing Research, 58*(4), 863-885.

Nisbet, S., & Williams, A. (2009). Improving students' attitudes to chance with games and activities. *Australian Mathematics Teacher*, *65*(3), 25-37.

Paivio, A. (1976). Imagery in recall and recognition. In J. Brown (Ed.), *Recall and recognition* (PP. 103-129). Wiley.

Piaget, J. (1962). *Play, dreams, and imitation in child-hood*. Norton.

Vygotsky, L. S. (1976). Play and its role in the mental development of the mind. In J. S. Bruner, A. Jolly, & K. Sylva (Eds.), *Play: Its role in development and evolution* (pp. 537-554). Basic Books.

第八章

促進低成就學生數學文字題學習之基模導向教學應用

陳嘉皇

國立臺中教育大學數學教育學系教授

十二年國民基本教育課程綱要（教育部，2018）提及數學應提供每位學生有感的學習機會，數學與其他領域的差異，在於其結構層層累積，其發展既依賴直覺又需要推理。課程綱要的實踐，教學上須藉由鷹架作用加以啟導，適時進行差異化教學及學習活動規劃，提供每位學生每節課有感的學習活動機會。對於學習低成就的學生，應考量其學習準備度和學習風格等，規劃補救教學，及時補救；盡可能將補救教學的策略納入課堂，提供適性的指導。數學教育應能啟迪學習動機，培養好奇心、探索力、思考力、判斷力與行動力，願意以積極的態度、持續的動力進行探索與學習；從而體驗學習的喜悅，增益自我價值感。本文茲將基模導向教學理論加以介紹以達成上述目標。

壹、前言

近年來，對於提升低成就學生數學表現的議題，一直是學校教師和各級政府極力努力的目標，雖然不斷倡導實施補救教學，但甚多學生表現的結果依然呈現低落情形（陳嘉皇，2011，2013；Alghamdi et al., 2020; Fuchs et al., 2004, 2008）。改善數學補救教學的重點是要讓學生的成就測驗達到基礎的標準，但很重要的是處於數學困難的學生在能力上分屬不同的認知層次、表現和動機，不應只重視某層面因素之解決，應該從整體的數學教育發展觀點來尋求解套。

雖然許多數學困難（mathematics difficulty，簡稱 MD）的學生在許多領域也呈現困難，但根據研究顯示，阻礙其數學表現的因素，以表達、解文字題與運算之間關係的理解特別的顯著。要解決上述問題，在小學階段的文字題的學習輔助就必須要包含：強調數學結構能明確的和系統的藉由「提供解題能力的基模、思考歷程口語化、練習的引導、正確的回饋和持續的修正」（陳嘉皇，2011，2013；Alghamdi et al., 2020; Fuchs et al., 2004, 2008）。因此提供的學習輔助須能支持學生「運用數學概念的視覺表徵」與「儲存的數學知識有流暢運用的機

會」，亦即要促進學生計算和解文字題的表現，也需要明確的教導學生運用啟發的策略和技巧。

　　文字題可以幫助學生將數學與現實世界的體驗聯繫起來，文字題通常要求學生閱讀關鍵詞並給圖形編號、了解問題情況、建立情況模型、確定解決問題所需的操作、解釋和評估問題、正確解決問題並添加答案與數字答案相對應的標籤（陳嘉皇，2011，2013；Alghamdi et al., 2020; Fuchs et al., 2004, 2008）。如果沒有關於如何設置和解決文字題的明確指導，學生會在嘗試解決文字題而沒有任何明確步驟的情況下表現出挫敗感。許多學生在不理解或不考慮數學模型的情況下，就對文字題進行字面或題意上的暗示，並進行加法或減法。一般的學生可以使用文字題的文本來理解問題、辨識缺失的信息、構造圖片或等式，並推導用於尋找缺失信息的計算方法；但是有數學學習困難的學生經常選擇錯誤的操作來解決文字題、濫用無關的信息，並且未能建立以文字說明爲主的行動，當需要採取多個步驟或操作來解決該問題時，文字題就變得愈來愈具有挑戰性（陳嘉皇，2011，2013；Alghamdi et al., 2020; Fuchs et al., 2004, 2008）。

　　小學數學課程裡的文字題扮演了重要的角色，文字題可提供學生作爲「發展一般解題技巧」與「提升完整和廣泛的理解能力」，同時提供解文字題的機會可協助他們發展基本運算的理解（Alghamdi et al., 2020; Fuchs et al., 2004, 2008）。然而解題對 MD 的學生而言是一個巨大的挑戰，特別像是工作記憶力、語言和注意力行爲不足的學生，部分原因是它要求學生理解問題中的語言（語法規則）和事實信息（如 1 公尺 = 100 公分），以識別問題。針對數學問題中的相關信息，學生必須建立適當的心理表徵，並生成、執行和監視解決方案策略。教師藉由測驗可以得知學生數學理解的表現，高成就的學生概念性知識基礎穩固、學習力強，會運用案例當成推論的來源；相對地，低成就的學生由於對知識的建立不扎實，或過去數學學習方式錯誤，致使對數學的基模（schema）不穩固，無法在往後的學習有所進展（Fuchs et al., 2004,

2008）。基模理論是關於知識如何呈現與表徵，如何採用不同方法促進知識運用的指導系統。基模解釋感官的資料從記憶提取資訊組織行動及解題，是學習數學概念最基本的元素，也是解題最重要的能力，學生唯有具備充實的基模，才能順利解題。本文即借助基模導向教學（schema-based instruction，簡稱 SBI）的理論與實務，提供對數學表現低成就者學習輔助的資源與訓練，滿足補救教學實務者的需求，增進有效教學能力，提升學生的數學學習動機和成就表現。

貳、認知基模的內涵與發展

按皮亞傑（Jean Piaget）的認知理論而論，智能的發展是由於基模的改變而產生。嬰兒出生不久，即開始主動地運用他與生俱來的一些基本行為模式來對環境中的事物做出反應，從而獲取知識，此種認知模式就稱為基模（schema），亦稱作心智結構。心智結構係指個人對人、事、物或對社會現實的看法，其中包括客觀的事實、主觀的知覺，以及兩者組合而成的概念、理解、觀點與判斷等。認知心理學家將學習視為個體對事物經由認識、辨別、理解，從而獲得新知識的歷程。Marshall（1995）將基模描述成是一種人類記憶的機制，可以儲存、綜合、歸納以及提取經驗；基模讓個體組織相似的經驗，進而協助辨識額外的經驗。基模具備多樣的屬性，是由一組群聚的知識（包含辨識、思慮、計畫與執行等四個層面有關概念性與程序性的知識）、與這些知識之間的關係，以及如何與何時運用這些知識等資訊所組成。因此基模具有兩項重要的功用：(1) 統合已知的知識（認同）；(2) 獲取新知識及產生真正理解的心智工具（調適）。基模是為了實現目標而組織的一系列操作（心智安排），根據 von Glasersfeld（1995）的說法，基模包含了三個部分，首先是需要具有一種可經驗的情境，當活化的情境可被學生知覺或確信時，此活動就會被連結；其次是學生須具備與情境關聯的特殊活動或步驟，協助其相關經驗的連結；再者是學生經歷活動產出的結果，

能強化基模的效用。當知識進行串連（chunk）時，基模會引導新資訊的同化作用，將新資訊與既存的知識進行整合，儲存後，於將來處在新情境時可以感覺並加以運用。因此，以基模的觀點來看，獲得與先前基模相連結的數學概念、原理與步驟，會反過來為將來的探索活動提供知識的基礎，這些知識的連結與重組可產生更新且有力的基模結構。認同作用依賴基模的可用性與活化產生，如果基模無法適應新作業的需要，可透過添加（accretion）、定調（tuning）或重組（reorganization）等機制加以調整。例如：有 5 列的花片，分別是 16、17、18、19、20 個，總共有多少花片？以此問題為例，學生列出算式 16 + 17 + 18 + 19 + 20 = ？後，可將數列中各數字皆變成 20，即分別添加了 4、3、2、1、0，然後採取 20×5 − (4 + 3 + 2 + 1 + 0) 的方式算出總和，此策略為添加機制的應用；定調的機制則將 16 視為此數列的基礎，17、18、19、20 比 16 此基礎數字分別多了 1、2、3、4，要計算此數列總和可將定調的 16×5 後，再加上 1、2、3、4；為使計算方便，學生亦可透過視覺比較方式，將 20 個花片移動 2 個給予 16 個花片，19 個花片移動 1 個給 17 個花片，形成每列都是 18 個花片，將 16 + 17 + 18 + 19 + 20 此算式重組成 18×5 = 90。當基模可適用於相似類型的問題時，那麼就可解決類似的問題；如果認同無法成功，為辨識或重構某種個別的知識，那麼調適就會發生。亦即如無適用的基模或重組失敗時，人類的心智就會自動地轉換至特別的心智結構，透過簡化和想像情境的類比做連結，將目標置於主體認為合理的事物上。總而言之，利用基模作為基礎的學習具有以下的優點：(1) 對未來的學習較容易且持久不忘；(2) 學得概念比學得規則更具應用性；(3) 將新經驗同化入既有的基模，可對個體產生成就感（陳嘉皇，2011，2013; Fuchs et al., 2004, 2008）。

參、數學文字題基模導向教學分析

　　解決數學文字問題需要將幾個認知的步驟加以組合，包括：(1) 理解問題的文本；(2) 建構問題的數學表徵；(3) 產出、計畫和監控問題的解題方法；(4) 執行運算的步驟以計算答案；(5) 有意義的解釋解題方法（陳嘉皇，2011，2013；Alghamdi et al., 2020; Fuchs et al., 2004, 2008）。傳統努力提升 MD 學生文字題解題的表現；對照於以強調問題結構之 SBI 顯示出較少的成功。因為 SBI 是一種以認知心理學、專家解題研究，以及對 MD 多元元素介入有效教學實務方法為基礎的基模理論。SBI 是以認知心理學的基模理論作為基礎，基模理論強調問題基模結構的辨認，對於理解文字題是非常重要的。SBI 包括以下的功能。

　　首先是教學模型使用基模訓練來幫助學生了解文字題的基本數學結構，這對有效部署數學內容知識至關重要。基模理論顯示，對問題的數學結構（語義結構）的認識對於成功解決數學問題至關重要。基模是特定於領域或上下文的知識結構，可以組織知識並幫助學習者對各種問題類型進行分類，以確定解決問題所需的最合適行動。例如：根據結構特徵（費率問題、比較問題）而不是表面的特徵（問題的封面故事）組織問題，可以喚起適當的解決方案策略。

　　解決問題者獲取基模知識的一種方式是使用強調「示意圖」（即表徵對象之間的空間關係並想像空間的變換）。研究已經發現使用示意圖對於強調潛在問題結構方面特別的有用，並且被認為是解決數學問題的關鍵。示意圖不僅是問題故事情節的圖形表徵，可以將重點關注於具體的、未相關的細節，而且還能描述促進問題解決所需問題結構的關鍵要素之間的關係，這對於低成就的學生減少工作記憶容量的負荷而言最為有效，因為可協助將多個信息元素組合到一個基模中（陳嘉皇，2011，2013；Alghamdi et al., 2020; Fuchs et al., 2004, 2008）。

　　基模導向教學的第二個特點是專注於多種解決方案策略。比較和對比多種策略是數學改革努力的主要特徵，強調讓學生積極比較、反思

和討論多種解決方案的方法也被認為是專家數學教學的關鍵特徵（陳嘉皇，2011，2013；Alghamdi et al., 2020; Fuchs et al., 2004, 2008）。學習通過多種求解方法來求解方程式或計算問題的學生，要比採用單一求解方法的學生表現佳。即使人們認為多種策略都有促進數學學習的潛力，但對於將學習低成就的學生暴露於多種策略是否會成功解決問題，文獻尚不清楚。鑒於缺乏對不同能力水平的學習者的多種解決方案策略有效性的研究，我們專注於通過提供指導以減少認知超負荷的方式，明確教導少量但足夠數量的策略來支持學習低成就的學生進行數學的學習。

　　基模導向教學的另一個功能是使用「思維能力」來幫助學生監控他們的學習和理解能力。對學習內容的自我監控是後設認知策略知識的關鍵，對於掌握自我調節技能至關重要。數學策略知識自然包括算法和啟發式知識，但是它也包括一個人的策略意識，以幫助理解問題陳述、組織信息或數據、計畫解決方案嘗試、執行計畫和檢查結果。在基模導向的教學中，教師對如何及何時使用每種問題解決策略進行建模，並與學生合作以在解決問題之前對其進行反思。研究顯示，包括專注於後設認知策略知識也對學生解決數學問題的表現產生積極影響（Alghamdi et al., 2020; Fuchs et al., 2004, 2008）。

　　當多元要素的資訊成群的進入並概念化成某一基模時，工作記憶會將它化約，以能有效的解題。專家解題者針對教導學生如何理解及解決文字題目，會將步驟所需的知識連結整合至基模導向教學，好的解題者會區別有關（相關的數學結構）和無關的（詳細的情境）資訊，很快的知覺並證實問題的數學結構，跨越不同的範圍進行相似問題數學的歸納。專家解題者針對給予的問題類型也具備深度和堅強的解題步驟知識，而且，專家顯示強烈的後設認知技巧，他們能夠計畫、檢核、監控與評量他們的表現。當知識相互連結時，基模會引導新資訊進行同化作用，將新資訊與既有的知識進行整合，儲存後，將來處在新情境時可感覺並加以運用。如學生運用基模於解題歷程時：

1. 對數學題目內容理解：閱讀數學題目時，會使用基模了解閱讀的題目內容。

2. 理解教科書的編輯會影響學習：閱讀文本時會使用易於了解的文章結構，清楚標明文章的內容，呈現完整的概念及詳細的解釋，釐清概念之間的關係，幫助學生建立理解數學題目基模的方式。

3. 運用基模以解決數學題目：學生運用基模以便快速省力的解決數學題。

因此以基模的觀點來看，獲得與先前基模相連結的數學概念、原理與步驟，會反過來為未來的探索提供知識的基礎，這些知識的連結與重組可產生更新且有力的基模結構。基模導向教學也包括對 MD 有效的教學實務，特別的是 SBI 的研究呈現四個重要的要素當成改善 MD 文字題表現的基礎：(1) 強調問題的結構；(2) 運用視覺表徵（基模化的圖表）；(3)明確教導啟發式的解題技巧；(4)採用後設認知策略知識教學。

肆、基模導向教學重點

一、基模導向教學策略專業訓練內涵

四項 SBI 的教學策略訓練內涵如圖 8-1 所示。輔導教師透過逐次轉換解題的責任給學生，而明確地塑造和鷹架教學。

（一）強調問題的結構

在算術文字題的領域裡，研究已經指出基本的問題情境類型或基模以強調問題的數學結構，幾個研究針對小學生教導辨認問題的基模也報告正向的結果，明確地教導學生辨認問題的基模，讓他們以結構的特徵而非表面的特徵組織問題，引導出有效的問題表徵和問題解決方法（陳嘉皇，2011，2013；Alghamdi et al., 2020; Fuchs et al., 2004, 2008）。第一個教學策略指涉對問題強調的結構加以辨識，例如：要了解整除和

圖 8-1
基模導向教學策略專業訓練內涵

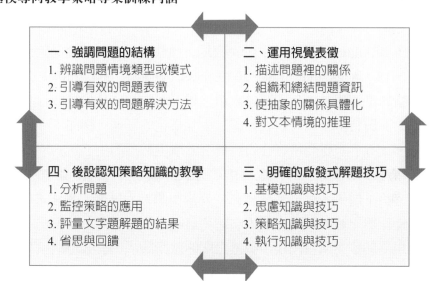

因數的意義並應用解題，那麼學生必須理解等分類型問題中變數之間的關係，並能運用等分、乘法、除法的技巧進行解題。經由明確教學和有關解題基模問題的呈現，輔導教師可以探索提升對這些問題所關聯的變數數量如何找出因數所需暗示的行動之明瞭，因此能熟練整數乘、除的計算，建立整除的概念，協助學生理解等分與整除的意義，對問題文本加以分析，建構問題中變數之間的關係。例如：21 的因數有哪些？針對此問題，教師可以提示學生透過等分割或分配的方式，逐漸解析此問題牽涉到的解題線索。

（二）運用視覺表徵

視覺表徵（基模化的圖表）是顯現「描述問題裡的關係」，對於理解文字題扮演重要的角色且是最有力的工具，勝過於圖像或影像表徵只將重點置於問題所描述的物理表面元素上，另外可簡化認知記憶的要求。視覺表徵可以提供不同的目的，像是 (1) 組織和總結問題資訊；

(2) 使抽象的關係具體化；(3) 對文本情境的推理。基模化表徵的運用與數學解題的成功具有正向的關聯，當基模化的表徵用來當成協助感知文字題時，它們可引導深化理解問題，並轉化學習新的問題成為可能，許多 SBI 的研究指出基模化表徵是一種整體的元素組合（陳嘉皇，2011，2013；Alghamdi et al., 2020; Fuchs et al., 2004, 2008）。第二項策略指的是運用基模化的圖像表徵呈現問題，較特殊的是輔導教師辨識重要的問題特徵後，要將它們配對成基模化的圖像，例如：上述問題（如圖 8-2 所示）要能將等分的數量透過學生熟悉的生活實物或圖像全部呈現，暗示學生如何等分或用倍數方式計數，然後寫下算則。如 12 顆蘋果分給 1 個人，可否完全分完？分給 5 個人，可否全部分完？讓學生藉由操作與記錄的結果，明瞭整除和倍數之間的關係。基模化圖像表徵的運用協助學生明白問題中數量之間的數學關係，有效地組織相關資訊，當學生明瞭並能掌握問題變數之間的關係時，一些圖像表徵的鷹架協助自然在課程中就會逐漸縮減，學生會朝向自主的學習（陳嘉皇，2011，2013；Alghamdi et al., 2020; Fuchs et al., 2004, 2008）。

圖 8-2
運用視覺表徵解題範例

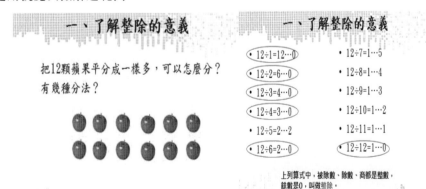

（三）明確的啟發式解題技巧

雖然一般的啟發方式像是 Pólya 的四階段基模（了解問題、進行計畫、執行計畫、回顧與省思）已普遍用在數學教學，但加以審視後發現並未引導改善解題的結果。在另一方面，特殊領域步驟的描述，只限制在他們無法進行問題解題技巧的轉化。總之，近來對於教導啟發式的解題研究指出正面的效果，可連結至班級的情境像是進行教學或整合至數學的課程上。SBI 運用重要的數學內容統整啟發式的訓練，啟發的方式包括四個分開但是內部相關的解題步驟，這四個步驟（問題基模的辨認、表徵、計畫和解題）連結符應概念性的知識（基模知識、思慮知識、策略知識和執行知識）。幾個研究也顯示 SBI 啟發方式的訓練和傳統運用 Pólya 的四階段解題步驟相較，可連結到特別的問題類型，針對改善學生的學習和轉化解決新問題是有效的（陳嘉皇，2011，2013；Alghamdi et al., 2020; Fuchs et al., 2004, 2008）。輔導教師可以鼓勵學生使用四步驟的解題歷程 FOPS（F—發現問題類型，O—運用圖像組織問題的資訊，P—計畫解題，S—解題），並且在運用這些步驟解題時能夠進行放聲思考。SBI 的輔導教師要讓學生能：(1) 透過閱讀發現數學問題的類型與重述問題以理解，並問自己是何種問題？（如是除法或乘法的問題）；(2) 運用圖像組織問題中的資訊（如列出算式）；(3) 計畫解題（如以 10 作為的估商或做倍數的遞增）；(4) 解題並檢核答案。此策略的目標在於透過輔導教師以廣泛的基模和鷹架協助作為基礎，以提升學生數學解題的能力（Alghamdi et al., 2020; Fuchs et al., 2004, 2008）。

（四）後設認知策略知識的教學

此項 SBI 的策略指涉的是後設認知策略知識的提升，輔導教師可以透過學生對其解題步驟的監控和省思之放聲思考而熟練此技巧。輔導教師可以配合遊戲活動（如圖 8-3）使用四個解題的步驟當成一個定錨，藉由較深層的問題讓學生思考：(1) 問題是否理解？(2) 問題如何表

徵？(3) 如何解題？(4) 答案合理嗎？此策略的目標在於透過教師的協助促進學生對解題歷程的思考（陳嘉皇，2011，2013）。以撲克牌大戰遊戲為例，首先呈現遊戲的規則，透過學生解釋規則如何進行，理解其是否明白遊戲的文本；再者請學生利用撲克牌實際操作一次，例如：A 學生出黑桃 10 的撲克牌，B 學生可以出 10、5、2、1 等點數的撲克牌，若出現其他點數的撲克牌則表示錯誤。從學生呈現對遊戲的反應，可了解學生對因倍數概念的理解，其間可透過同儕的互動而相互監控解題表現。

圖 8-3
後設認知策略教學範例

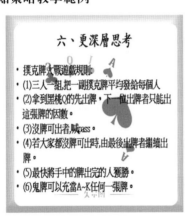

二、數學輔導教師 SBI 教學訓練

　　SBI 的輔導教師除具有 SBI 的理論基礎知識外，仍須具有適切的數學教學知識，如此才能夠提供數學學習困難或低成就的學生前進的鷹架，在補救教學的歷程能敏感的發現學生學習困難所在的因素，給予合宜的指導與回饋，並在輔導的歷程藉由省思教學歷程的表現，提升自我的專業教學知能。實施之 SBI 策略專業訓練流程如圖 8-4 所示：

圖 8-4
輔導教師之 SBI 策略專業訓練流程

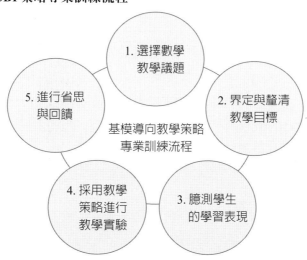

　　1. 選擇數學教學議題：針對輔導之數學議題進行相關資料的蒐集，例如：數學議題相關概念的發展、如何進行教學、研究報告等資料。

　　2. 界定與釐清教學目標：以教育部數學能力指標為依據，配合提供之數學閱讀文本與生活數學問題，分析教學的內容重點與學生須獲得的數學能力和概念。

　　3. 臆測學生的學習表現：包含學生可能採用的解題策略、解題順序、可能產生的錯誤概念或技巧。

　　4. 採用教學策略進行教學實驗：依據學生數學認知能力發展的狀況、教材的特性，配合可以輔助的教具和資源，選擇決定 SBI 策略和方法，思索如何將學生生活經驗和數學正式概念連結，引領學生數學學習。

　　5. 進行省思與回饋：於數學教學歷程能不斷思考，提問的方式或內容可否引導學生正確概念或能力的引出、教學目標是否確實、教學方法是否明確合適、活動設計的內容是否適宜、教學順序是否適切、對學生的回應是否適當等問題，並思索如何改善。

　　一些針對教室裡學習低成就學生的研究建議，由於學生對作業的要求是有挑戰性的，因此教師需要提供明確的教學支持以提升學生數學的學習。最近的後設分析指出，發現教學法是一種合宜的教學形式，包括提供所有學生明確目標的教學。總之，從先前研究強調明確的教學對提升需要促進獨立解題，但未具備先備知識之低學習成就學生而言，有意義的學習所具備之潛在價值，在教學現場上亦獲得支持。針對文字題的有效解題，明確的教學與有意義的學習兩者互補的連結，對數學低成就學生來說，是可以引導其提升數學的表現。

伍、應用上的建議

　　SBI 是一種教學和學習策略，是一種可以釐清師生數學概念，深化學習的工具，更重要的是在社會互動、探索的歷程，學會尊重與批判的民主精神，展現數學素養教學強調的有感、能知、願行。觀察實務現場數學學習低成就的學生行為，可發現其在學習動機、認知策略的應用和實踐上較為薄弱，特別是情意表現部分，欠缺社會互動與自動學習的意願，因此提供有感、能知、願行之鷹架的協助對其而言，是一種迫切的需求。由於接受補救教學的學生常無法思考重要的概念，也無法推論他人的觀點，談話常常是一廂情願、不重要的，或有爭論，以致無法學習。要減緩這些困難讓 SBI 實施順暢，有兩方面須加以思考，其一是要將教師視為 SBI 的促進者；其二是提供任務設計和建設性的話語實踐。

　　應用 SBI 於數學教育各議題產生之成效，已經有許多研究加以證實（陳嘉皇，2011，2013；Alghamdi et al., 2020; Fuchs et al., 2004, 2008; Jitendra et al., 2007; Xin et al., 2005），進而激發更多對數學補救教學層面探討的潛能，以提升教師在學習輔助有效教學的開展。SBI 可提供實務現場教師確切了解數學補救教學學生的學習程度與需求，方便教師因材施教，整合對學生最有利的學習方式；其次，從教學歷程發

現合宜之補救教學模式與教材內容，可作為數學概念教學與課程設計之參考依據，並依據基模所需知識強化學生解題行為和技巧，進而協助其基模的連結成為更堅實的知識。然而如前言所述，影響學生數學成就表現的因素眾多，在實施與應用 SBI 時亦有其限制，綜合相關研究發現，爰提出以下建議，作為應用 SBI 於數學教育之參考：

1. 學生在數學文字問題解題歷程所需之基模雖然繁複，但有規則可循，教師可針對重點於教學歷程中予以強化，裨益相關基模之連結與轉換，擴大學生學習心智模式。要完成數學教學目標，不應只要求學生採取算術運算思考問題答案結果，更應將相關之變數予以連結，鼓勵學生採用符號與公式思考問題結構的關係，如此學生才能體會數學思考之重要性，並應用其有效解決複雜的數學問題。

2. 參與數學補救教學的學生在學習歷程常表現較弱或負向之情意表現，所以要達成目標，教師須對數學概念問題的結構與類型有明確、系統的理解，展現有效的文本設計技巧，吸引學生學習。例如：本研究在課堂上採用學習單為學習輔助，搭配大張數字卡做教學，藉由這樣的方式先引起學生的學習動機，一開始學生會只注重在尋找大型數字卡上，但是慢慢地他們會去辨識題目所給的情境，並思慮要用什麼樣的運算符號去解題，漸漸地學生知道該如何計畫和執行，在計算方面答對的題數愈來愈多，對數學的學習也多一層興趣，到後測的表現就有明顯的進步。

3. SBI 歷程須呈現明確的步驟、清晰的語言以引導學生解題。參與補救教學的學生在認知表現較弱，因此學習歷程尚須輔以語言的協助。例如：學生在課堂中的學習狀況，一開始學生都對「等式判斷」毫無概念，甚至不懂為什麼等式的左右都要有算式。師生經過討論後，分別對題目算式中數字的拆解，透過等式左右兩邊運算結果相等，讓學生理解「等式判斷」的概念，並明白如何運用在算式中。所以在課堂中，教師帶領學生思考，並多鼓勵學生發言，大多數的同學都可清楚解釋算式的意義。

4. 另外從 SBI 實驗的效果顯示，參與 SBI 密集教學學生的表現較分散式表現佳，此發現具數學教育之價值。但因研究受限於人力及資源因素，在方法與實施流程上仍有待加強之處，採取密集模式對學生而言是否會較佳，可再探討及驗證，以提供教師在補救教學上更佳、更有效之教學措施，提升學生數學成就表現。

陸、參考書目

中文書目

教育部（2018）。**十二年國民基本教育課程綱要：國民中小學暨普通型高級中等學校數學領域**。教育部

陳嘉皇（2011）。不同等號概念之基模導向解題教學研究。**教育研究集刊，57**(3)，37-74。

陳嘉皇（2013）。小六學生運用一般化基模進行圖形規律問題解題之研究。**教育科學研究期刊，58**(1)，59-90。

英文書目

Alghamdi, A., Jitendra, A. K., & Lein, A. E. (2020). Teaching students with mathematics disabilities to solve multiplication and division word problems: The role of schema-based instruction. *ZDM, 52*, 125-137. https://doi.org/10.1007/s11858-019-01078-0

Fuchs, L. S., Fuchs, D., & Prentice, K. (2004). Responsiveness to mathematical problem-solving instruction: Comparing students at risk of mathematics disability with and without risk of reading disability. *Journal of Learning Disabilities, 37*, 293-306. doi:10.1177/00222194040370040201

Fuchs, L. S., Seethaler, P. M., Powell, S. R., Fuchs, D., Hamlett, C. L., & Fletcher, J. M. (2008). Effects of preventative tutoring on the mathematical problem solving of third-grade students with math and reading difficulties. *Exceptional Children, 74*, 155-173.

Jitendra, A. K., Griffin, C., Haria, P., Leh, J., Adams, A., & Kaduvetoor, A. (2007). A comparison of single and multiple strategy instruction on third-grade students' mathematical problem solving. *Journal of Educational Psychology,* *99,* 115-127. doi:10.1037/0022-0663.99.1.115

Marshall, S. P. (1995). *Schemas in problem solving.* Cambridge University Press.

von Glasersfeld, E. (1995). *Radical constructivism: A way of knowing and learning* (Vol. 6). Falmer.

Xin, Y. P., Jitendra, A. K., & Deatline-Buchman, A. (2005). Effects of mathematical word problem solving instruction on students with learning problems. *Journal of Special Education, 39,* 181-192.

第九章

促進國小數學低成就學生學習的差異化教學策略

白雲霞

國立清華大學教育與學習科技學系副教授

在 PISA 2012 的測驗報告中，臺灣受測成績最高和最低的學生差距超過 300 分，相當於七年的受教時間（張益勤，2013），顯示低成就學生在課堂上的學習值得被關注。如同 Latz、Speirs Neumeister、Adams 與 Pierce（2008）曾指出，許多教師皆使用一體適用的教學方法（one-size-fits-all instructional approach），教學主要關注在中間程度的學生身上（Tomlinson, 1999）。然而以目前國民小學的數學課僅有 4 節，在數學學習的有限時間下，期待教師在課堂上同時要拔尖及固本扶弱，實有一定程度的困難。換言之，當在一定的學習時間下，採用一致的教學方法、教材與評量方式，若學習準備度不佳，基礎知識不足，有可能導致低程度的學生無法充分吸收，馬太效應可能伴隨而生，而另一方面，高成就的學生也可能缺少加深學習的機會。因此許多學者提出在課堂上運用差異化教學，教師針對學生的差異，安排不同的學習環境，設計多樣態的教材、教學活動、評量方式，以回應學生不同的需求，則有利於提升學生的學習成效與學習態度及興趣。

壹、差異化教學的理論基礎

一、差異化教學的概念

差異化教學（differentiated instruction，簡稱 DI）方法，讓教師透過一系列教學和管理策略，詳細了解每個學生的學習準備度、興趣和學習型態，並針對學生需要學習的內容，就「將如何學習」以及「如何展現所學」，規劃不同的方法，設計多層次的內容、活動與評量，以提高學生的學習能力。而根據 Tomlinson（2001）的說法，DI 顯然是一種以學生為中心的教學方法，而教師的任務主要在負責組織適當的學習機會。而當教師能考慮學生的學習準備度、興趣及學習型態差異，並能滿足其需求時，學生則能展現最好的學習狀態（Tomlinson, 2003）。

二、差異化教學的理論基礎

Tomlinson（1999）認為差異化基於兩大支柱：學生的特徵和課程。「學生的特徵」主要指出差異化可以根據學生的準備度、興趣或學習風格來區分。更具體地說，學習準備度與近側發展區（Vygotsky, 1978）有所關聯，因為差異化教學計畫主要在提升學生較高水平的技能和概念（Tomlinson et al, 2003）。為了因應不同的學習準備度，教師需要設計多層次的活動（tiered activities），將各種來源、材料和作業整合到多個難度級別，並提供不同級別的學習支持（Scott, Vitale, & Mastern, 1998; Tomlinson, 2001）；而學習風格則呈現出學生的學習偏好及其接收與處理信息的方式。第二個支柱是「課程調整」，範圍涵蓋內容、過程與產出三方面。內容是指教學的「what」，例如：內容、學習目標、適合學習者的分級活動、教材等多元選擇；過程涉及學習過程的「how」，也就是教師為幫助學生實現學習目標，所設計的具體活動；最後，產品是學習的結果，即為學習目標達成的程度。而在產品差異化作法上，通常教師會根據孩子的學習準備度、興趣和學習風格提供一系列活動（Tomlinson, 1999; Tomlinson & Imbeau, 2010）。

此外，差異化教學與多元智慧的理論基礎有相互印證之處。Howard Gardner 在 1980 年代提出多元智慧的理論，後來經過 1999 年及 2006 年的補充，提出了 9 種智慧，他強調，每個人都有獨特的一套智力組合體系（王淑玫譯，2015）。Gardner 說：「過去幾個世紀以來，教學中最大的錯誤是將所有孩子都視為同一種人，因此認為以相同的方式教他們相同的科目是合理的。」（p. 9）然而在現今的教育環境中，學生具有高度個殊性，能力、需求和背景各不相同，但課程綱要中期待所有學習者都能掌握相同的學習標準。然而事實上，許多相關研究卻透露，並非所有學生都是以相同的方式或在相同的時間跨度內學習，因此，許多大腦科學的研究，也支持以設計和實施多種內容、過程和評估方法，幫助所有學習者取得成功。

　　而如何去安排上述多種內容、過程和評估方法，Tomlinson 與 Imbeau（2010）提出教學安排可依據學生的三種屬性：學習準備度（readiness）、興趣（interest）與學習概況（learning profile）。學習準備度與興趣如前所述，不再贅述，而學習概況包括其性別、文化、學習型態與多元智慧的偏向。Strickland（2007）建議教師可以利用表 9-1 所示之方式，評估學生在三種屬性上的情況。

表 9-1
從學習準備度、興趣與學習概況等三方面評估學生在三種屬性上的情況

學習準備度	興趣	學習概況
1. 對待學校、學科或主題的態度	1. 熱情	1. 學習風格：視覺、聽覺、動覺、整體對部分與部分對整體、具體與抽象的、連續的與隨機等
2. 與主題或學習內容的經驗	2. 愛好	
3. 對某相關主題的先備知識、理解力和技能	3. 家庭興趣或追求	
4. 對主題或學科的誤解	4. 關係──課後學習機構、課外活動	2. 多元智慧的偏好
5. 對主題或學科的過度概括	5. 電視觀看偏好	3. 環境偏好：溫度、光線充足、有無食物和飲料、有無背景音樂等
6. 相關詞彙的使用熟練度。	6. 度假目的地	
7. 學科的技能	7. 音樂偏好	
8. 連結當前主題和其他主題或與其他學科之間的見解。	8. 朋友的選擇	4. 基於性別或文化偏好：競爭還是合作、強調個人還是團體
9. 一般溝通、思考、推理和其他相關技能	9. 選修課	5. 團體導向：單獨工作或與他人一起（同儕還是成人）

資料來源：Strickland C. (2007), *Tools for high-quality differentiated instruction: An ASCD action tool*. Association for Supervision and Curriculum Development.

　　綜合上述 Tomlinson 等學者（Tomlinson, 2001; Tomlinson & Eidson, 2003; Tomlinson & Strickland, 2005）所提出的想法，在設計差異化課程與實施時，教師可就課程內容（content）、實施過程（process）、學習成果（product）、情意感受（affect），以及學習環境（learning environment）等五項要素進行考量，設計多層次的差異化教學活動，以照顧不同學習需求的學生。

三、差異化教學的效益

　　許多研究已經證實，差異化教學在不同能力學習者所組成的課堂中具有效益（Armstrong, 2002, 2003; Downing & Cornett, 2006; Landrum & McDuffie, 2010; Lopez & Schroeder, 2008; Steele, 2010; Subban, 2006）。相關研究（如 Beauchaine, 2009）也顯示當學生接受差異化教學法，而非傳統式教學時，學生的學習態度及學習成果有顯著的改善及提升。

四、差異化教學的實施方法

　　差異化教學主張在教學方法和常規課程的調整上應該具有靈活性，以滿足學生需求方面（Obiakor et al., 2012），並且需要教師組合多套教材來完成（McTighe & Brown, 2005）。

　　而在差異化教學框架上，Mastropieri 與 Scruggs（2018）曾提出四種變項（PASS）以達成差異化教學的目標，包含設定教學的優先順序（prioritize instruction）、調整教學與教材或環境（adapt instruction, materials, or the environment）、有系統地使用 SCREAM 教學變項（systematically teach with the SCREAM variables）、系統化評量成果（systematically evaluate outcomes）。其中 SCREAM 係指六個面向包含結構（structure）、清晰（clarity）、重複（redundancy）、熱忱（enthusiasm）、適當速度（appropriate rate）、最高參與度（maximized engagement）。

貳、差異化教學與數學學習

一、差異化教學在數學學習成效的正向支持證據

　　Beauchaine（2009）的研究結果支持使用 DI 幫助數學成績不佳的學生，並改變他們對學習數學的態度。事實上，許多研究也證明

基於不同的教學方法來實施差異化教學時，學生的數學成績會提高
（Armstrong, 2002, 2003; Kane, Walker, & Schmidt, 2011; Lopez &
Schroeder, 2008; Nelson, 1999）。

　　國內相關研究中，黃于真與陳美如（2018）的研究亦指出實施差
異化教學可以顯著提高學生數學學習成效，以中分群學生之學習成效差
距最大，此外，接受「差異化教學法」的低分群學生之數學學習成效，
顯著高於接受「講述教學法」的低分群學生。徐慧中與徐偉民（2019）
的行動研究結果，也指出差異化教學的實施能提升學生的數學學習表現
和自我效能感。

二、差異化教學對數學低成就學生

　　許多研究指出教師需要有多種教學策略和方法來提高學生的學習
成果，以解決學習者數學成績低的問題。而 McAdamis（2001）研究指
出，通過差異化教學除了使低成就學生的考試成績顯著提高外，學生的
學習積極性和熱情更高，接受差異化教學的學習者之所以獲得更高平均
後測表現分數，很重要的原因是因為他們的參與度提高。

　　綜上而言，差異化教學對低成就學生的數學學習提供了適性化教學
的基礎，並使其學習動機提高，較為積極參與數學，讓低成就學生有成
功學習數學的體驗。

參、差異化教學在數學教學的實踐

　　Strickland（2007）提出實踐差異化的建議，包括用於內容、過程
和評量等三方面，如表 9-2：

表 9-2

內容、過程和評量差異化的實踐方向

內容	過程	評量
◆ 分級或主題閱讀	◆ 提供單獨練習、兩人配對或小組合作的機會	◆ 回應學生興趣或學習概況的不同產出選項
◆ 有聲書		
◆ 文本重點	◆ 小組中的角色定位	◆ 不同的時間表或檢查點
◆ 不同的研究主題	◆ 文學圈的角色	
◆ 各種獨立學習方式	◆ 不同日誌的提示	◆ 不同的成功標準（如從新手到專業人士）
◆ 興趣中心	◆ 選擇不同的複習活動	
◆ 特定主題或技能的微型課程內容	◆ 支持技術	◆ 考量不同年齡、背景知識、規模等的受眾
	◆ 提供不同類別與數量的教師協助	
◆ 濃縮課程	◆ 各種類型的圖形組織和支持文件（詞彙、公式、關鍵日期等）	◆ 不同的實作評量角色
◆ 不同難度級別的線上閱讀		◆ 測驗或小考中不同的問題選項
◆ 示範	◆ 不同家庭作業選項（「如果你需要更多練習，請做此部分」或「如果你準備好迎接挑戰，請做此部分」）	

資料來源：Strickland C. (2007), *Tools for high-quality differentiated instruction: An ASCD action tool*. Association for Supervision and Curriculum Development.

　　根據 Strickland 的建議，一些願意實施差異化教學的教師，從這三個向度當中可以找到一些參考的通用依據。然而在特定的學科上，教師需要彈性的調整，以適應學科的性質。

　　以下筆者將從內容、過程、成品／評量、學習環境四方面示例數學科可能的差異化教學實踐，藉以滿足不同需求的學生，提高低成就學生的學習成效與學習興趣。

一、內容的差異化──教材

　　Tomlinson 與 Imbeau（2010）認為內容是指學生需要學習的知識（knowledge）、理解（understanding）和技能（skills）。差異化課堂中的學習目標保持不變，但是在內容上可以透過開放式問題（open questions）、平行任務（parallel tasks）來進行差異化教材內容以適合所有學生。

（一）開放式問題

透過開放式問題，可以讓不同程度的學生都能針對教師所提出的問題加以思考，並提出可能的答案。此類問題可以增加不同程度學生的參與度。一個好的開放式問題具備下列的特性：(1) 引發思考，而不是重複；(2) 聚焦於重要的數學問題；(3) 所有學習者都可以參與；(4) 可引發豐富的數學對話；(5) 能力強的學習者亦能有擴展的思考；(6) 可提供評量訊息。

開放式問題可以朝幾個方向進行設計，以下分別舉例說明：

1. 給予答案讓學生創造問題：例如：答案是 100，問題可能是什麼？運算的歷程是 (23 + 59)×5，問題可能是什麼？

2. 比較相似與不同：例如：加法和乘法有何相似之處與不同之處？小數加法與整數加法有什麼不一樣之處，又有什麼相同之處？分數與小數有何相同與不同處？2D 和 3D 形狀之間的異同？

3. 價值觀的選擇：例如：在下列二位數乘法題中，選擇二題，並用不一樣的方法進行計算，並說明你是如何運算的，你為什麼採用這二種不同的方法。

4. 使用柔軟的詞彙（soft words）：布題時可以讓學生思考多種可能性的答案，例如：A 除以 B 的答案比 B 大，A 可能是多少？

5. 請學生解釋或證明他們的想法：例如：「證明 5 + 6 = 11」。

6. 修改已有的問題：請學生就原有的題目修改問題情境。

原題：小胖有 3 盒鉛筆。每盒裡有 6 支鉛筆。小胖一共有多少支鉛筆？

修改：小胖有好幾盒鉛筆。每盒鉛筆的數量比鉛筆盒總數多 2 支。小胖的鉛筆和鉛筆盒的數量可能是多少？

此外，開放性問題不可避免的涉及模糊性。Small（2012）建議開

放式問題需要恰到好處的歧義，雖然它可能具有一些模糊性，但是模糊性是為了確保問題足夠廣泛以滿足所有學生的需求，但要小心，不要讓問題過於模糊以至於阻礙思考。此外，也要注意，過多的術語也可能使學生不了解進一步進行的方向。

（二）平行任務

鄭章華、林成財與蔡曉楓（2016）建議以差異化任務鋪陳數學學習脈絡，提供不同程度學生學好數學的機會。Small（2012）也指出教師依學生能力的差異化提供適切的差異化平行任務是一個有效的教學策略。平行任務也被稱為階梯式任務（tier tasks）。

例如：教師在全班授課中講解一個主要數學概念後，可以給予學生在此概念下不同難易程度的數學平行任務，讓不同學習能力的學生獲得適合自己程度的學習任務。差異化平行任務可採分組討論的方式進行，一方面適合學生的程度，另外一方面提高學生的參與率。

Small 與 Lin（2010）指出設計平行任務的兩大原則：首先，設計平行任務內的各種學習任務時，須讓不同能力的學生都有機會選擇適合自己能力難度的任務；其次，問題和任務應確保所有學生能一起參與後續的討論。要符合第二個原則，平行任務的內容必須相近，以確保學生都能投入討論。此外，教師在設計平行任務時，須預備一些與平行任務相關的跟進討論問題（follow-up discussion）。如表 9-3 所示：

表 9-3
差異化教材 —— 平行任務示例

任務一	任務二	任務三
請判斷下列式子是否正確？ $132 + 198 = 530 - 330$	使用數字 1 到 9，在□中填入數字，並使該算式成立，每個數字最多填寫一次？ □ + □ = □ − □	使用數字 1 到 9，在□中填入數字，並使該算式成立，每個數字最多填寫一次，且其結果為最大的數值。 □ + □ = □ − □

　　發布的任務內容除題型的難度差異之外，另外，如使用以多元智慧建構的平行任務亦為可行的方式，例如：以圖形形式表示數學問題、使用多媒體教授、使用藝術和工藝來實際表示，或創建一個視覺化過程等。以下筆者示例以視覺化教材結合多元智慧（數學邏輯、空間智慧與肢體動覺智慧結合）建立平行任務，來教導方程式 $(a + b)^2 = a^2 + b^2 + 2ab$，如圖 9-1 所示。

　　上述示例的教材，以數學符號的表示作為第一種教材；第二種教材則是結合先備知識，從乘法分配律切入，提供適當的鷹架；第三種教材滿足個別學生對視覺化的需求與空間智慧的展現；第四種教材則是滿足個別學生肢體動覺的智慧，透過動手做以觸發理解的運作歷程，需要具象化教材協助理解的學生，可以使用教材四切入學習。

　　此外，亦可增列難度較高的教材五，使完成教材一、教材二之能力高的學生進行領先學習，教材可以根據個別化教育計畫，改變一些內容，如圖 9-2 所示。

二、過程的差異化 —— 教法

　　Tomlinson（1999）建議在過程差異化中，教師可以採用多種不同的教學策略，例如：拼圖式學習小組、影音教材、錨式活動、多元組織策略、多元教材、多元補充教材、文學圈閱讀模式、階梯式課程、階梯式中心、階梯式成果、學習契約、小組教學、團體探究、分軌研究、獨立研究、4MAT 教學模式、問題導向學習、興趣中心、興趣小組、多元作業、濃縮課程、多元提示策略、複合式教學等，以因應學生不同的學習需求與學習風格。

　　以下筆者示例一些在數學課室可使用的作法：

（一）並用同質與異質分組

　　教師在使用小組教學或學習時，可採用靈活分組（flexible grouping）的方式，係指同質分組和異質分組的交互使用。在同質性分

圖 9-1
差異化教材 ── 平行任務結合多元智慧（數學邏輯、空間智慧與肢體動覺智慧結合）示例

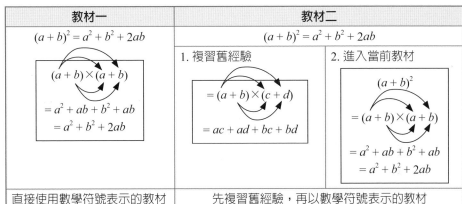

教材一	教材二	
$(a+b)^2 = a^2 + b^2 + 2ab$	$(a+b)^2 = a^2 + b^2 + 2ab$	
$(a+b) \times (a+b)$ $= a^2 + ab + b^2 + ab$ $= a^2 + b^2 + 2ab$	1. 複習舊經驗 $= (a+b) \times (c+d)$ $= ac + ad + bc + bd$	2. 進入當前教材 $(a+b)^2$ $= (a+b) \times (a+b)$ $= a^2 + ab + b^2 + ab$ $= a^2 + b^2 + 2ab$
直接使用數學符號表示的教材	先複習舊經驗，再以數學符號表示的教材	

教材三	教材四
1. 先呈現正方形面積的概念 正方形面積的公式 ＝ 邊長 × 邊長 假設下圖中正方形的邊長為 a 請問下圖中正方形的面積為何？ 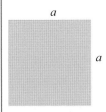	**1. 先呈現正方形面積的概念** 正方形面積的公式 ＝ 邊長 × 邊長 下圖中正方形的邊長已標示，請在（　）中填入下圖中各個正方形的面積。 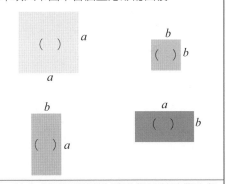
2. 呈現當前的教材 $(a+b) \times (a+b)$ $= a^2 + ab + b^2 + ab$ $= a^2 + b^2 + 2ab$ $= (a+b)^2$ 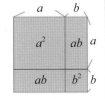 請從右邊的圖形，說明為什麼左邊的算式是成立的。	**2. 結合空間智慧與肢體動覺智慧讓學生親近教材** (1) 請將上面四個圖形剪下來，並且將四個圖形拼貼組合，使組合後的圖形是一個正方形。並寫出新的正方形的邊長。 (2) 請運用新的正方形邊長，寫出新的正方形面積為何？並說明你所寫出來的答案與剛剛四個圖形面積的關係。
使用具體圖形表徵題意	使用具體圖形表徵與實務操作

圖 9-2
差異化內容 —— 教材五進階教材

1. 請運用你在教材四的學習，用圖示表示 $(a+b+c)^2$ 的可能型態
可能的回答：

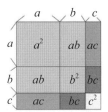

2. 請運用你在教材一或教材二的學習，說明 $(a+b+c)^2 = a^2 + b^2 + c^2 + 2ab + 2ac + 2bc$
可能的回答：
$$(a+b+c)^2 = (a+b+c)(a+b+c)$$
$$= a^2 + 2ab + b^2 + 2ac + 2bc + c^2$$
$$= a^2 + b^2 + c^2 + 2ab + 2ac + 2bc$$

組中，全班可依不同程度、興趣分組，如上述教材一到教材四，學生可以依據自己的程度或喜好選擇教材，選擇同一種教材的學生可以單獨學習亦可以協同學習，互相討論。亦可以請各組選擇最適合該組學生的一份教材，由同組共同討論學習。

（二）分站學習（Learning Stations）

　　教師先在教室裡設計若干不同的學習小站，分站的數量可以根據學生數及教材的種類靈活調整。例如：ABCD 四站，每站可有不同學習方式，如 A 站是影片學習或均一平台等網站教材，B 站則是以圖表或其他視覺化策略呈現教材，C 站為實物操作，D 站是概念圖等，學生可以在不同分站中，透過不同學習策略進行學習。或者設計不同的分站教材，在一定的時間內，讓學生依興趣自由選擇一站開始進行學習，並要求數學低成就學生從教材難度低者開始學習，教師可以在該站駐點，對在該站學習的學生進行引導，也可在不同站中巡迴走動提供適當的協

助。另外，分站學習亦可以搭配平行任務（階梯式任務）一起進行。

（三）合作學習

教師亦可以採拼圖式合作學習 II 的學習模式，全班先形成異質性分組，每組四人，並設置四大張專家小組桌，每組各人依能力分別到專家小組桌學習圖 9-1 的教材一到四，待學習完成後，回到原小組，與原小組同學共同分享所學習的內容、歷程與結果。

（四）興趣中心或興趣小組

興趣中心適合年齡較小的學生，而興趣小組則適合年齡較大的學生，例如：教師可以設置若干個興趣中心，讓學生專注於特定的數學技能，如不同情境的加法問題，並提供高興趣的活動。情境儘量選擇學生有興趣的，且能激發其親近的動機，例如：數果凍、外星人的眼睛數量、不同魔獸數量的統計等作為加法的情境。在興趣小組的設計中，學生可以小組合作型態，研究感興趣的數學主題，例如：幾何如何應用於建築或數學如何在藝術中使用等。

三、成品的差異化 —— 學習評量

Tomlinson（2005）指出許多教師迴避差異化教學的原因，是擔心給從事不同活動的學生評分很困難，但 Tomlinson 認為，如果教師認真實施差異化並且運用可靠的評估程序，將有助於改變其對差異化教學的態度和作法。

評量有許多種類，近年來教育學者不僅是提倡學習成果的評量（assessment of learning），尚有促進學習的評量（assessment for learning）、評量即學習的評量（assessment as learning），所以並非所有工作都必須正式評分。對於在差異化課堂中評分方式感到不知所措的教師，Peshek（2012）提出一個關鍵建議是仔細考慮學生正在從事的任務類型，如果是家庭作業、課堂討論，或者是簡短的測驗，教師其實可

以把它當作是為了取得有價值的信息，以促進學生學習為目的而進行的評量。此時就可以使用差異化評量。

首先，教師要進行差異化評量之前，可以先訂定教學目標與個別學生的評量目標，其程度的判斷，可以從學生課堂表現，或者是個別的作業中來判定。例如：教師可以從目標精熟的評定等級，判斷學生在該單元學習的狀況（如表 9-4），從而針對較低成就的學生給予不同層級的評量作業。

表 9-4
依照目標的精熟程度給予不同程度的作業

姓名	目標 1：分辨等值分數			目標 2：處理等值分數		
	沒有明顯理解	可以理解	精熟	沒有明顯理解	可以理解	精熟
王〇明	×				×	
李〇依			×			×
顏〇彥		×			×	

此外，教師也可以根據布魯姆的教育認知分類（Bloom's Taxonomy），知識、理解、應用、分析、綜合、評鑑等六個層次，或是根據修訂後的布魯姆教育認知分類（記憶、理解、應用，評鑑、創造），設計出不同層次認知能力的多層評量活動。

再者，依照作業複雜程度區分不同層級的作業也是一個可供參考的方式，如 Bukalov、Wong（2020）提到在分層活動中，我們可以將作業按複雜程度劃分為多個級別，以便讓具有不同程度的學生可以同時進行作業。有次序的作業可以讓學生順利達到近側發展區。設計良好的任務可以讓學生運用過去的先備知識來理解與學習，但要注意應足夠具有挑戰性，以便學生可以擴展他們的學習。一般來說可以設計 4-5 個級別，教師可配合學生的技能和學習準備度，確定課程或單元計畫的目標和技能，再依次訂出目標與技能在不同級別上，分別應有的學習表現，最後

再發展出各層級的評量內容。如此可使不同成就學生都可以達到近側發展區的最大值，特別是低成就學生，也會因為分層的作業減少對數學的焦慮，並且提升對數學學習的意願。

　　表 9-5 為 Bukalov 等人曾提出的五個級別的示例，可為參考。第一到第五級難度層級依次遞進，第一到第四級為標準內的學習表現，第五級則可為能力較高學生的分層作業任務。

表 9-5
分層／階梯式作業評量示例

級別	級別描述	分層作業評量
第 1 級	直接回憶一個事實或方法或需要一個步驟程序	請解出 y 的值： $6(y + 2) = 24$
第 2 級	比第 1 級的問題，多出一個額外的步驟	請解出 x 的值： $6x - 3(x - 5) = 18$
第 3 級	在沒有明確指導的情況下，將幾個步驟結合起來，通常是兩個或多個定理或事實（接近適當的標準）	請解出 r 的值： $3(3r + 2) = 58 + 2(2r + 1)$
第 4 級	需要通過複雜問題進行推理或將解決方法應用於新環境（符合適當合理的標準）	下面的作法是 Jenna 在 $7 + 2(k + 3) = 18$ 的解法，請說明他的作法哪裡有錯誤： $$7 + 2(k + 3) = 18$$ $$9(k + 3) = 18$$ $$k + 3 = 2$$ $$k = -1$$
第 5 級	需要額外的綜合、解釋或分析超出第 4 級問題（超過適當的標準）	用代數方式證明，9 的倍數的總和，也是 9 的倍數

資料來源：Bukalov L., & Wong B. (2020). *The math teacher's toolbox: Hundreds of practical ideas to support your students*. https://www.middleweb.com/42899/tiered-activities-make-math-more-inclusive/

四、差異化教學的環境

在差異化教學的課室環境當中，許多教師會害怕標籤作用的影響，特別是低成就學生，通常學習動機較低，學習意願不高，對於超出其能力的課堂活動，參與意願也比較低。因此在差異化教學中，教師除了運用差異化教學的方法之外，更重要的是要營造出一個安全可靠，且讓學生足以信任的差異化教學情境。Tomlinson（2001）在《能力混合班級中的差異化教學》（*How to Differentiate Instruction in Mixed-ability Classrooms*）中提到創造差異化教學環境的幾項準則，值得參考：

1. 每一個人都應該感覺自己是受歡迎的，而且對團隊是有貢獻的。
2. 無條件的相互尊重。
3. 學生在教室是感受到安全的，隨時都可以尋求協助。
4. 每位學生的成長都是被期待而且是值得慶祝的，每一個人的成長都是同樣有價值的。
5. 教師扮演學生的鷹架，並關注於學生的「學習成功」。
6. 重新開展新的公平，每一個人的學習成長與成功的需求都可以得到適性發展。
7. 師生合作，共同為學習成長與成功努力。

肆、差異化教學的展望與建議

儘管最近的研究表明了 DI 的有效性，但許多學者指出（如 Adlam, 2007; Tomlinson & McTighe, 2006）仍有許多有學習困難的數學學習者在接受傳統教學的方法。再者，因為資源和時間不足，所以教師通常不會使用差異化教學來滿足不同學生的需求，儘管他們可能熟悉差異化教學方法。多位學者（Armstrong, 2002, 2003; Lopez & Schroeder, 2008）提到教師在教學時更傾向於使用傳統的全班教學方法，而非差

異化教學，主要原因為缺乏資源及將 DI 整合到課程計畫中所需的時間（Adlam, 2007; Tomlinson & McTighe, 2006）。

　　因此，筆者建議欲進行差異化教學之教師，可採用共同備課的作法。透過共同備課，教師進行專業對話並共同合作，訂定多層次的課程目標，設計不同層次的教材、教學活動、作業與學習單，以完成各層次評量的規劃。共同備課有益於整合教師的專業能力，互相補位，進行專業分工，同時節省準備教材與設計教學活動的時間。此外教師亦可進行協同教學，在分層次的活動上，打破班級教學的傳統方式，多個班級合班上課，進行混合編組，例如：採用兩班三組的方式。教師分工合作共同設計課程與協同教學可以提供學習者不同的學習輔導，使能力不同學生能夠獲得適性教學的機會。

伍、參考書目

中文書目

王淑玫譯（2015）。**你比想像的更聰明：用對方法，開啟你的多元智能**。天下雜誌。

徐慧中、徐偉民（2019）。以差異化教學實施國小混齡數學補救教學之行動研究。**臺灣數學教師**，**40**(2)，1-28。

張益勤（2013）。PISA：臺灣數學學習M型化。**親子天下**。引自 https://www.parenting.com.tw/article/5054331

黃于真、陳美如（2018）。差異化教學對國中學生數學學習成效影響之研究。**師資培育與教師專業發展期刊**，**11**(1)，91-122。

鄭章華、林成財、蔡曉楓（2016）。國中數學差異化教材設計與實施初探。**中等教育**，**67**(4)，38-56。

英文書目

Adlam, E. (2007). *Differentiated instruction in the elementary school: Investigating the knowledge elementary teachers possess when implementing differentiated instruction in their classrooms*. retrieve form https://scholar.uwindsor.ca/

etd/4643

Armstrong, T. (2003). *The multiple intelligence of reading and writing: Making the words come alive.* Association for Supervision and Curriculum Development.

Beauchaine, V. C. (2009). *Differentiating instruction to close the achievement gap for special education students using everyday math* (Doctoral dissertation). Retrieved from ProQuest Digital Dissertations database. (AAT 3344924)

Bukalov, L., Wong, B. (2020). *The math teacher's toolbox: Hundreds of practical ideas to support your students.* Jossey-Bass.

Downing, J. A., &. Cornett, R. K. (2006). Empower students with learning disabilities: Strategies that provide structure. *Intervention in School and Clinic, 41*(5), 310.

Kane, S. T., Walker, J. H., & Schmidt, G. R. (2011). Assessing college-level learning difficulties and "at riskness" for learning disabilities and ADHD: Development and validation of the Learning Difficulties Assessment. *Journal of Learning Disabilities, 44*, 533-542.

Landrum, J. T., & McDuffie, A. K. (2010). Learning styles in the age of differentiated instruction. *Exceptionality, 18,* 6-17.

Latz, A. O., Speirs Neumeister, K. L., Adams, C. M., & Pierce, R. L. (2008). Peer coaching to improve classroom differentiation: Perspectives from project clue. *Roeper Review, 31*, 27-39.

Lopez, M. D., & Schroeder, L. (2008). *Designing strategies that meet the variety of learning styles of students.* Saint Xavier University.

Mastropieri, M. A., & Scruggs, T. E. (2018). *The inclusive classroom strategies for effective differentiated instruction* (6th ed.). NY Pearson.

McAdamis, S. (2001). Teachers tailor their instruction to meet a variety of student needs. *Journal of Staff Development, 22*(2), 1-5.

McTighe, J., & Brown, J. L. (2005). Differentiated instruction and educational standards: Is détente possible? *Theory into Practice 44*(3), 234-244.

Obiakor, F. E., Harris, M., Mutua, K., Rotatori, A., & Algozzine, B. (2012). Making inclusion work in general education classrooms. *Education and Treatment of Children, 35*, 477-490.

Peshek, S. (2012). Assessment and grading in a differentiated mathematics classroom. *Ohio Journal of School Mathematics*, *65*, 45-50.

Scott, B. J., Vitale, M. R., & Masten, W. G. (1998). Implementing instructional adaptations for students with disabilities in inclusive classrooms. *Remedial and Special Education, 19*, 106-119.

Scott, B. J., Vitale, M. R., & Masten, W. G. (1998). Implementing instructional adaptations for students with disabilities in inclusive classrooms. *Remedial and Special Education, 19*, 106-119.

Small, M. (2012). *Good questions: Great ways to differentiate mathematics instruction* (2nd ed.). Teachers College Press.

Small, M., & Lin, A. (2010). *More good questions: Great ways to differentiate secondary mathematics instruction.* Teachers College Press.

Steele, M. M. (2010). High school students with learning disabilities: Mathematics instruction, study skills, and high stakes tests. *American Secondary Education, 38*(3). Retrieved from EBSCOhost database.

Strickland, C. (2007). *Tools for high-quality differentiated instruction: An ASCD action tool*. Association for Supervision and Curriculum Development.

Subban, P. (2006). Differentiated instruction: A research basis. *International Education Journal, 7*(7), 935-947.

Tomlinson, C. A. (1999). *The differentiated classroom: Responding to the needs of all learners*. Association for Supervision and Curriculum Development.

Tomlinson, C. A. (2001). *How to differentiate instruction in mixed-ability classrooms?* Pearson Education.

Tomlinson, C. A. (2003). Deciding to teach them all. *Educational Leadership, 61*(2), 6-11. Pearson College Div.

Tomlinson, C. A. (2005). Grading and differentiation: Paradox or good practice? *Theory into Practice, 44*(3), 262-269.

Tomlinson, C. A., & Eidson, C. C. (2003). *Differentiation in practice: A resource guide for differentiating curriculum (Grade K-5)*. Association for Supervision and Curriculum Development.

Tomlinson, C. A., & Imbeau, M. B. (2010). *Leading and managing a differentiated classroom*. Association for Supervision and Curriculum Development.

Tomlinson, C. A., & McTighe, J. (2006). *Integrating differentiated instruction*

& *understanding by design: Connecting content and kids*. Association for Supervision and Curriculum Development.

Tomlinson, C. A., & Strickland, C. A. (2005). *Differentiation in practice: A resource guide for differentiating curriculum* (*Grade 9-12*). Association for Supervision and Curriculum Development.

Vygotsky, L. S. (1978). *Mind in society: The development of higher psychological processes.* Harvard University Press.

第十章

虛擬教具資源在低成就學生之數學教學運用

袁媛

國立臺中教育大學數學教育學系教授

　　眾所皆知，教具是廣泛使用於數學課室以協助學生掌握數學概念的重要輔具，研究顯示不論是具體教具（concrete manipulatives）或虛擬教具（virtual manipulatives）的使用，均能提升低成就學生的數學學習專注及參與程度（Jimenez & Stanger, 2017）。雖然具體教具仍是教室中數學教學最常使用的工具，但隨著大量科技輔具在教室中的出現，虛擬教具也逐漸被大量地使用於數學教學中，有些虛擬教具還內建了一些具體教具所未具有的功能，例如：可以自動的將 10 個小白積木組合成代表 10 的長條積木，或將一條代表 10 的長條積木分解為 10 個小白積木。基本上，兩種不同型式的教具都在協助學生進行數學概念的建立與學習，因此虛擬教具的出現並非在取代具體教具的使用，反而是虛擬教具應和具體教具搭配使用，以達互補之功效。對於學習低成就學生而言，教具的使用以協助其了解數學概念是需要的，但學生可能會認為具體教具是低年級學生才要使用的，進入中年級後可能會排斥使用，因此虛擬教具的使用對於數學的學習具有新奇及不受限年齡的好處。惟因目前使用虛擬教具的有效性多來自研究者而非第一線的現場教師，且教師多半不具備有效使用及擇用虛擬教具的能力（Shin et al., 2017），所以本章主要將探討數學虛擬教具的發展現況及介紹虛擬教具資源，再以分數教學的實證研究為基礎，提出虛擬教具應用於低成就學生分數學習的教學應用實例。

壹、數學虛擬教具的發展現況

　　Moyer-Packenham 等人（2002）認為，若要使教學更有效率，教學者需要選擇各種不同的表徵幫助學生做有意義的數學學習，而虛擬教具就是這樣的一個數學教學工具。虛擬教具是指一種放在網站上具互動特性的動態物件，可以提供學生經由虛擬─表徵─抽象化的程序（virtual-representational-abstract）建構數學知識，即它在教學過程中扮演表徵抽象數學概念的三種表徵（具體物、圖形及符號）之橋梁，

教師能透過多重表徵的呈現及連結（圖 10-1），協助學生建構抽象的數學概念（Peltier et al., 2020）。虛擬教具連結了符號及圖像表徵，使這兩種表徵被串連起來，表徵被流利地發展，這對視覺化的使用者會有加分的作用，也有利於低成就學生的學習（Suh et al., 2005）。自從網路上的虛擬教具被研發出來之後，相關的教學應用不斷地拓展，促使研究者使用虛擬教具進行教學實驗探究其教學應用的成效，之後研究者所進行的後設分析研究結果，也發現使用虛擬教具對學生數學成就及數學態度的正向成效（Cheung & Slavin, 2013）。這些早期在網路平台上所發展出來的虛擬教具，多半是使用於電腦上利用滑鼠操弄的物件，例如：美國國家虛擬教具博物館（簡稱 NLVM，http://nlvm.usu.edu/en/nav/vlibrary.html）和袁媛（2014）所開發的萬用揭示板（http://magicboard.ntcu.edu.tw）。

圖 10-1
運用虛擬教具的「虛擬—表徵—抽象化的程序」呈現傳統算則的意義

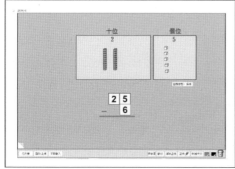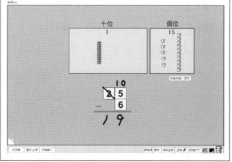

2011 年起 iPad 及大量手持行動裝置（mobile technology，簡稱 MT）陸續出現，這些在電腦上可被滑鼠操弄的互動元件，逐漸發展成可於一般手持式行動裝置上（如手機、iPad）操弄的觸控元件。支持在 MT 上使用虛擬教具的理論，主要源自於表徵（內在表徵及外在表徵）的使用及如何與這些表徵具體互動以進行學習。數學上的外在表徵是指

實體存在的、可觀察的東西，例如：文字、圖形、表格、方程式或電腦世界等；內在表徵不只是替代外在表徵的東西，也包含感知的想像物及符號，甚至情感上的感覺。理論上，外在表徵是視覺及具體物件與抽象符號的橋梁。Moyer-Packenham 與 Westenskow（2013）透過後設分析研究各學者所探究的虛擬教具特性，發現現在的虛擬教具具有五種特性能有助於學生的數學學習：(1) 聚焦性約束（focused constraint），即虛擬教具能約束學生將其注意力聚焦於數學表徵物及過程；(2) 創意性變異（creative variation），即虛擬教具能鼓勵創意發想及增加學生多元解題方法的出現；(3) 同步連結（simultaneous linking），即虛擬教具能進行不同表徵間的連結，也能把學生的動作和表徵做連結；(4) 有效精準（efficient precision），即虛擬教具含有精確的表徵呈現，因此能正確及有效地使用；(5) 引發動機（motivation），即虛擬教具能引起學生動機使其持續地進行數學的探究。因此，這些 MT 除了具有輕巧及續電力強的特性外，可在 MT 上使用的虛擬教具，一樣可以連結不同的數學表徵及進行不同表徵間的轉換，能讓兒童在進行數學思考時有較多視覺化的機會，也能提供學生方便觸控及移動物件的感官經驗，進一步能幫助學生深入地了解數學概念。基此，Moyer-Packenham 與 Bolyard（2016）爲虛擬教具下了一個新的定義，即「虛擬教具是一種動態的數學物件，具有互動及科技驅動的視覺表徵，運用程式設計使得其可被操弄，並提供建構數學概念的機會。」

對大多數學習數學有困難的學生來說，他們最大的學習問題即是對數學的學習不感興趣。另一方面，主動參與學習是獲得學習成效的基礎，而數學學習低成就學生常因低的學習參與導致學習的低成就。過去以虛擬教具所進行的教學探究，除了對學生數學概念的了解獲致不錯的結果，多數研究也發現虛擬教具的使用能提升學生學習數學的態度及動機（Zhang et al., 2015）。目前在小學課室使用平板電腦（tablet）被認爲是有效的工具，主要在於它們能協助學生建立概念及熟練基本算術技能，更重要的是它們能激勵學生動機及參與學習。因這些新興

科技的出現可提高學生的參與學習意願，因而進一步促使大量的 App
（Application 的簡稱，爲可在 MT 上使用的互動小程式）被發展出來
並應用於教育現場。因此，目前虛擬教具的發展與使用可謂進入了 App
期的應用階段。

　　Shuler（2012）分析市面上的 App，發現 72% 的熱銷產品多爲學前
或國小階段學生所設計。Larkin（2014）爲了幫助澳洲的小學教師選用
適合於協助學生數學學習的 App，評析了 142 個配合澳洲數學課程可
使用的 App，在內容主題上，以數及代數主題最多（占了 128 個），
測量及幾何有 34 個，統計及機率只有 7 個（總數超過 142 個，是因爲
部分 App 包含兩個以上的主題），其中數與代數主題中，又以數與位
值概念占了最大多數（105 個），其中的 87 個是與四則運算有關，與
分數及小數學習有關的 App 只有 10 個。在檢視這個狀況之後，Larkin
發現很多 App 都只是像快閃卡（flash card）一樣，主要在提供學生練
習之用。Pelton 與 Pelton（2012）也指出，目前所研發出來的 App，很
多都只是像快閃卡、計算練習或和課本一樣的內容呈現。然而，一個好
的 App 應該能注意到三種知識間（概念性知識、程序性知識及解題性
知識）的連結及協助數學概念的建立，但現有的 App 很少同時具備這
些特性（Namukasa et al., 2016），因而無法有效整合不同的視覺表徵
以幫助學生了解概念。因此，未來需要聚焦於發展能讓學生經由主動建
構學習內容，以進行數學概念學習的虛擬教具。

貳、數學虛擬教具資源

　　目前虛擬教具的發展已從電腦網頁操作的模式，轉移至能在 MT 上
操弄的 App 模式，許多過去發展不錯的數位虛擬教具或因受限於軟體
支援，或隨著數位硬體的精進而逐漸尋求轉型變革。以下介紹三個目前
設計較爲完整且有特色，並適用於國小數學教學的數學虛擬教具：

一、萬用揭示板（**http://magicboard.ntcu.edu.tw**）

　　萬用揭示板軟體所提供的教具元件是以當前數學教科書中最常使用的實體教具爲藍本，加以數位化、元件化，這些虛擬教具元件不但保有實體教具的效能，甚至能超越實體教具的限制，呈現出更清楚的數學概念（袁媛，2014）。萬用揭示板軟體介面主要可以分爲三個部分：揭示區、按鈕控制區與元件庫。當使用者開啟萬用揭示板軟體後，便可以利用元件庫的元件區所提供的 19 大類元件（依教學元件的屬性可分爲靜態元件、動態元件及背景元件）及按鈕控制區所提供的各項功能，在揭示區進行教學布題（圖 10-2）。

圖 10-2
萬用揭示板軟體介面

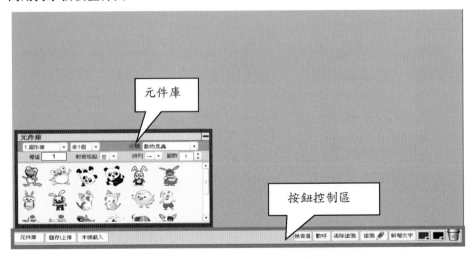

　　這個以 Flash 軟體所設計開發的萬用揭示板，因爲 2021 年 Flash 已經無法再使用，市面缺乏可以快速取代 Flash 的開發工具，若重新換一種程式語言來開發，又要維持住相容性的話，難度甚高，不是短時間能完成的，也不一定能完成，因此目前已尋求應變的作法讓使用者繼續使用現有的資料。未來，使用者可以直接在現有的網站（http://

magicboard.ntcu.edu.tw）下載獨立執行的萬用揭示板，透過單機版「載入」目前網站上的舊布題、教材，教師上課前要先上網站查好要用的教材（或布題）編號，然後在單機版中「輸入該編號」載入布題或教材（圖10-3），即可上課使用。

圖 10-3
打開單機版後「載入並輸入布題或教材編號後開啟」已建置的教學資源

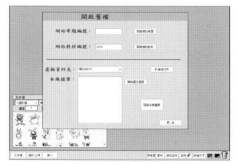
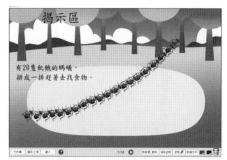

二、Brainingcamp（https://www.brainingcamp.com）

　　Brainingcamp 為 Dan Harris 所新開發的付費數位虛擬教具，初看其使用界面和萬用揭示板十分相近，只是其工具仍是一個一個的表徵界面，即和早期的美國國家虛擬圖書館（NLVM）相似，每一個小工具都只有一種特定的表徵，因此使用者打開一個小工具，就只能利用該工具所提供的單一表徵去探索數學概念，例如：時間工具提供虛擬時鐘探索時間概念。目前在 Brainingcamp 上已建置有 16 個虛擬教具元件組，可供國小各個不同學習主題的探索（圖 10-4）。

圖 10-4

Brainingcamp 上的虛擬教具資源

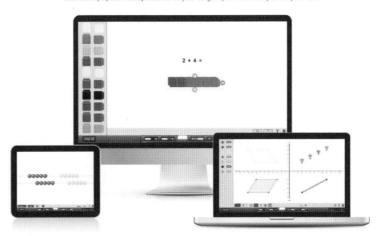

Algebra Tiles

Base Ten Blocks

Clock

Color Tiles

Cuisenaire® Rods

Fraction Circles

Fraction Tiles

Geoboard

Hundred Board

Linking Cubes

Number Lines

Pattern Blocks

Place Value Disks

Rekenreks

Two-Color
Counters

XY Coordinate
Board

三、The Math Learning Center（https://www.mathlearningcenter. org/apps）

這個網站資源提供了 11 個虛擬教具工具（至 2021 年 4 月止），是可免費運用於網頁版本或 MT 上的 App（圖 10-5）。每個虛擬教具工

圖 10-5

The Math Learning Center 所建置的 11 個虛擬教具工具

Fractions
The Fractions app lets students use a bar or circle to represent, compare, and perform operations with fractions with denominators from 1 to 100. Choose the fraction model and number of equal parts. Use a color to select specific parts to show a fraction of the whole.

Geoboard
The Geoboard app is a tool for exploring a variety of mathematical topics introduced in the elementary and middle grades. Learners stretch bands around the pegs to form line segments and polygons and make discoveries about perimeter, area, angles, congruence, fractions, and more.

Math Clock
Math Clock helps students become fluent working with time. Learners use analog clocks with geared or free-moving hands to learn how to tell time, explore jumps with count by numbers, and visualize story problems involving intervals of time.

Number Frames
Number Frames help students structure numbers to 5, 10, 20, and 100. Students use the frames to count, represent, compare, and compute with numbers in a particular range.

Number Line
Number Line help students visualize number sequences and illustrate strategies for counting, comparing, adding, subtracting, multiplying, and dividing. Choose number lines labelled with whole numbers, fractions, decimals.

Number Pieces
Number Pieces helps students develop a deeper understanding of place value while building their computation skills with multi-digit numbers. Students use the pieces to represent multi-digit numbers, regroup, add, subtract, multiply, and divide.

Number Rack
Number Rack facilitates the natural development of children's number sense. Rows of movable, colored beads encourage learners to think in groups of fives and tens, helping them to explore and discover a variety of addition and subtraction strategies. Free activities and free book available.

Pattern Shapes
Students use Pattern Shapes to explore geometry and fractions, create their own designs, or fill in outlines. As they work with shapes, students think about angles, investigate symmetry, and compose and decompose larger shapes.

Whiteboard App
The Whiteboard App is a digital workspace for teachers and students to solve problems and explain their thinking. Math concepts can be explored in a variety of ways using a flexible set of tools to sketch, write, and build equations.

Math Vocabulary Cards
Math Vocabulary Cards help students deepen their conceptual understanding of key terms in mathematics. Each card features three sections: a math term, a representative example or model, and a concise definition.

Money Pieces
Money Pieces help students visualize and understand money values and relationships. Two versions of coins and bills are provided: virtual currency pieces that replicate the appearance and relative size of U.S. coins and the dollar bill, and area money pieces.

具為某一具體教具的數位化，除了保有原來具體教具的元件特性，也提
供工具功能列，可方便使用者將教具元件重組、分解、改變顏色及大小
等（依工具不同而有不同的配合功能）。目前，這個數位教具資源較大
的特色是提供了分享的功能。在課室中，教師可以用於教學展示，事先
的布題設計可經由「分享連結」讓學生進行解題，學生解題後的結果也
可以經由提供「接收碼」，讓獲取這個接收碼的人可以看到解題的結
果（圖 10-6）。透過投影的功能，學生的解題想法可以分享給教師或
其他學生觀看，學生的解題過程也可因虛擬教具的使用而更為豐富（圖
10-7）。

圖 10-6
The Math Learning Center 所建置的分享功能

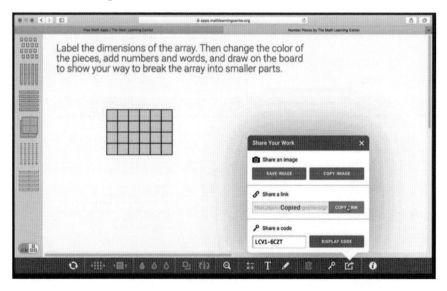

圖 10-7
學生可利用虛擬教具工具展示其對數學概念的了解或解題想法

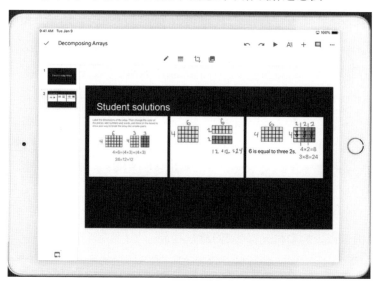

參、數學虛擬教具應用於低成就學生的分數教學應用實例

　　針對教學現場中複雜而難以有效呈現，以及長久以來學生一直無法有效改善學習的數學概念，均是適合嘗試融入科技輔助學習的時機。分數是國小數學課程中的一個重要概念及學習主題，但由於分數概念的複雜和抽象性，這個主題內容常是國小學童學習的夢魘，許多學生即使到了中學階段之後仍未能了解分數的基本概念，而阻礙了後續數學的學習與發展。因此本節將試著從相關文獻的探討，提出運用虛擬教具於分數概念教學的運用實例。

一、提供學生表徵分數的模型工具

　　李源順（2008）在 2004 年以國小五及六年級學生為研究對象，調查其異分母分數加減問題的解題表現，發現學生使用圖示錯誤的比例

高，且無法正確的以文字說明其意義，顯示學生以圖示表現分數概念的能力仍有待加強，他認為這可能和教學現場教師主動以圖示說明，而少讓學生自行畫圖說明有關。因此學校在數學教學時宜使用視覺的（如影片）或圖形（如線段圖）的表徵以幫助學生學習，且使用圖形表徵是學童表達其數學思考的重要方式，所以也要鼓勵學生使用圖形說明其解題想法。目前所開發的虛擬教具中，多數已能提供表徵分數意義的不同表徵工具，例如：面積、數線及集合模型（圖 10-8），在使用這些虛擬教具時，教師可以善用這些表徵工具，以提供低成就學生的學習輔助與訓練並提升其視覺化技能，進一步提升其數學的學習成效。

圖 10-8
利用萬用揭示板上的數位元件表徵分數

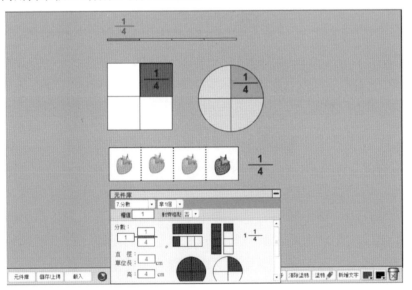

二、建立分數在數線上的位置及利用分數數線了解計算的意義

目前已有不少實證研究指出數線模型教分數概念及計算的有效性。Hamdan 與 Gunderson（2017）的實驗發現，使用數線模型建立分

數概念的學生比圓形面積模型的學生，更能遷移其表現至分數大小的比較上。Sidney、Thompson 與 Rivera（2019）以五及六年級學生為對象，比較以數線、圓形及矩形模型教分數除法的成效，其研究結果顯示數線組有較佳的概念了解。因此，除了使用面積模型建立基本的分數概念之外，教師可以使用虛擬教具中的數線模式教分數的意義，並將其在數線上的分數位置標示出來（圖 10-9），這可以有助於學生掌握分數在數線上的位置，進一步有效地比較分數的大小。在分數數線的虛擬教具中，學生可以經由各項參數功能的提供改變所需的問題情境，例如：數線區間的設定、單位分數分母的改變、指定分數長方形表徵的呈現及複製、分數數線上各分數數值的呈現等（圖 10-10）。這些內建於虛擬教具元件的功能，可免去學生自行繪製的困難及避免錯誤，有助學生聚焦於分數概念及運算意義的了解。

圖 10-9
利用面積模型結合數線表徵分數在數線上的位置

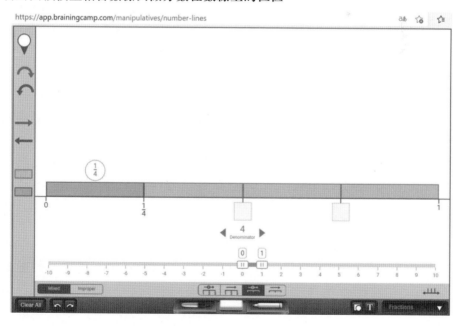

圖 10-10
利用數線表徵分數除法的運算結果

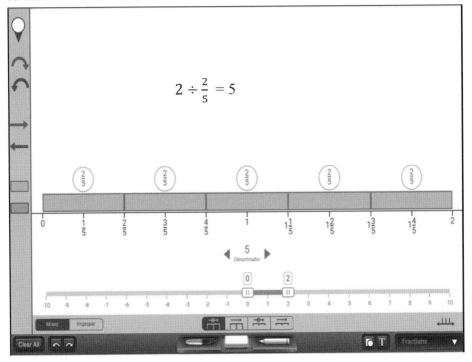

三、發現等值分數

　　分數符號本身對低成就學生而言即是一個抽象的數，它不同於學生先前學習的正整數概念，一個分數符號包含有分母和分子兩個數字，這個兩個數字之間的關係形成了一個新的數，而等值分數是一個分數的另一個表示法，即一個分數的值可以有很多不同的分數符號表示法，因此低成就學生更感困難，許多學生會對一個分數進行約分及擴分的操作，但仍無法接受兩個分數等值的意義。

　　Suh 與 Moyer-Packenham（2008）利用 NLVM 上的等值分數虛擬教具教四年級學生獲得等值分數的概念及運算規則。在這個工具界面

中，會先出現以圓形或方形面積模型表徵的一個分數（如 $\frac{1}{4}$），學生利用下方的按鈕改變原面積的表徵數，當調整平分數能成為那個分數的等值分數時，原圖形的線段會變成紅色，因此有助於學生把 $\frac{1}{4}$ 的等值分數（$\frac{2}{8}$）寫出來（圖 10-11），透過這些探索出來的結果，再請學生經由觀察這些等值分數以發現找到等值分數的運算規則。他們在研究中發現，在探索過程中能鼓勵低成就學生與其同組學生的對話，能聚焦在過程及關係，因此其獲致的規則也較具意義。

圖 10-11
NLVM 上的等值分數虛擬教具

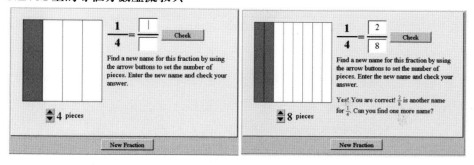

除了上述單一個分數，透過改變等分數來探討將一個分數轉換為另一個分數的活動外，教師也可以利用虛擬教具可互動及操弄的特性，將等值分數同時呈現（圖 10-12），可以強化表示 $\frac{1}{4}$ 大小的分數有很多，並由這些與 $\frac{1}{4}$ 一樣大的分數中（$\frac{2}{8}$、$\frac{3}{12}$、$\frac{4}{16}$、$\frac{5}{20}$、$\frac{6}{24}$），發現一個分數的等值分數可以經由分子和分母同時乘以一個不是 0 的數去獲得。

圖 10-12

利用虛擬教具同時呈現 $\frac{1}{4}$ 的等值分數

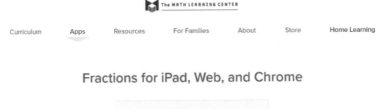

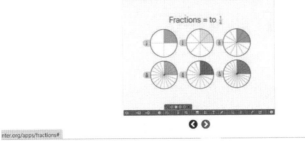

　　在學習分數的過程中，透過虛擬教具的使用，學生會慢慢體會及了解整數及分數屬性的異同。在學習整數時，學生掌握了每一個整數都有且只有一個後繼數，且每一個數即代表一個數值，但分數卻不同，一個分數數值可由許許多多不同的分數來表示（等值分數），且它的值可能小於 1、等於 1 或大於 1。在決定一個分數的大小時，不可以只考慮分子或分母的值，即看到比較的數就決定兩個分數的大小關係。在乘以一個小於 1 的分數時會得到比被乘數小的數，而在除以一個小於 1 的分數時反而會產生一個大於被除數的數。學生也容易把整數的應用規則運用在分數上，特別是低成就的學生。例如：研究顯示低成就學生常犯的一個錯誤是在決定一個分數的大小時只注意到數字部分，而未考量分子與分母之間的關係，但這種錯誤反應並非是他們不了解部分與全體的關係，而是他們對一個分數大小的了解太薄弱所致（Fuchs & Malone, 2017）。因此，在針對低成就學生的分數補救教學策略，教師宜避免只是強調部分全體的分數概念及程序性計算，可善用虛擬教具的工具

特徵設計相關活動，著重分數有大小、可排序、可比較及可放在數線上，使學生不固著於整數知識的應用，這將會對其未來數學的學習（如代數）有所助益。

肆、結語

　　虛擬教具的本身並不會直接傳遞數學概念，因此在應用於低成就學生的教學時，教師宜先行規劃布題的呈現及利用這些便利的數位工具協助學生掌握重要的數學概念，借助其多元表徵呈現的特性，使學生能清楚地從虛擬教具的操作呈現中了解數學的抽象意義。另一方面，虛擬教具也應該是一種協助低成就學生解決問題的輔助，當求解問題時，學生可以利用虛擬教具呈現問題的具體關係，並進一步從探索中發現問題的結果。

伍、參考書目

中文書目

李源順（2008）。分數四則運算。載於呂玉琴、李源順、劉曼麗、吳毓瑩著，**國小分數與小數的教學、學習與評量**（頁 129-255）。五南圖書公司。

袁媛（2014）。萬用揭示板上虛擬教具的數學教學應用。載於左台益、吳昭容主編，**數學數位內容**（頁 171-200）。高等教育。

英文書目

Cheung, A., & Slavin, R. E. (2013). The effectiveness of educational technology applications on mathematics achievement in K-12 classroom: A meta-analysis. *Educational Research Review, 9*, 88-113.

Fuchs, L. S., & Malone, A. S. (2017). Error patterns in ordering fractions among at-risk fourth-grade students. *Journal of Learning Disability, 50*(3), 337-352.

Hamdan, N., & Gunderson, E. (2017). The number line is a critical spatial-numerical representation: Evidence from a fraction intervention. *Developmental*

Psychology, 53(3), 587-596.

Jimenez, B. A., & Stanger, C. (2017). Math manipulatives for students with severe intellectual disability: A survey for special education teachers. *Physical Disabilities: Education and Related Services, 36*(1), 1-12. doi: 10.14434/pders. v36i1.22172

Larkin, K. (2014). iPad apps that promote mathematical knowledge? Yes, they exist! *Australian Primary Mathematics Classroom, 19*(2), 28-32.

Moyer-Packenham, P. S., & Bolyard, J. J. (2016). Revisiting the Definition of a Virtual Manipulative. In Moyer-Packenham, P. S. (Ed.), *International perspectives on teaching and learning mathematics with virtual manipulatives* (pp. 3-23). Springer. doi:10.1007/978-3-319-32718-1_1

Moyer-Packenham, P. S., Boylard, J. J., & Spikell, M. A. (2002). What are virtual manipulatives. *Teaching Children Mathematics, 8*, 372-377. doi:10.5951/ TCM.8.6.0372

Moyer-Packenham, P. S., & Westenskow, A. (2013). Effects of virtual manipulatives on student achievement and mathematics learning. *International Journal of Virtual and Personal Learning Environments, 4*(3), 35-50.

Namukasa, I. K., Gadanidis, G., Sarina, V., Scucuglia, S., & Aryee, K. (2016). Selection of apps for teaching difficult mathematics topics: An instrument to evaluate touch-screen tablet and smartphone mathematics apps. In P. S. Moyer-Packenham (Ed.), *International perspectives on teaching and learning mathematics with virtual manipulatives* (pp. 275-300). Springer.

Peltier, C., Morin, K. L., Bouck, E. C., Lingo, M. E., Pulos, J., Scheffler, F. A., ... & Deardorff, M. E. (2020). A meta-analysis of single case research using mathematics manipulatives with students at risk or identified with a disability. *Journal of Special Education, 54*(1), 3-15. doi:10.1177/0022466919844516

Pelton, T., & Pelton, L. F. (2012). Building mobile apps to support sense-making in mathematics. *Paper presented at the Proceeding of Society Information Technology & Teacher Education International Conference.* Chesapeake.

Sidney, P. G., Thompson, C. A., & Rivera, F. D. (2019). Number lines, but not area models, support children's accuracy and conceptual models of fraction division. *Contemporary Educational Psychology, 58*, 288-298.

Shin M., Bryant, D. P., Bryant, B. R., McKenna, J. W., Hou, F., & Ok, M. W. (2017). Virtual manipulatives: Tools for teaching mathematics to students with learning disabilities. *Intervention in School and Clinic, 52*, 148-153. doi: 10.1177/1043451216644830

Shuler, C. (2012). *iLearn II: An analysis of the education category of the iTunes app store*. The Joan Ganz Cooney Center at Sesame Workshop.

Suh, J. M., & Moyer-Packenham, P. S. (2008, July). Scaffolding special needs students' learning of fraction equivalence using virtual manipulatives. In O. Figueras, J. L. Cortina, S. Alatorre, T. Rojano, & A. Sepulveda (Eds.), *Proceedings of the 32nd annual conference of the International Group for the Psychology of Mathematics Education* (*PME*) (Vol. 4, pp. 297-304). Morelia, Mexico.

Suh, J., Moyer, P., & Heo, H. (2005). Examining technology uses in the classroom: Developing fraction sense using virtual manipulative concept tutorials. *Journal of Interactive Online Learning, 3*(4), 1-21.

Zhang, M., Trussell, R. P., Gallegos, B., & Asam, R. R. (2015). Using math apps for improving student learning: An exploratory study in an exclusive fourth grade classroom. *TechTrends, 59*(2), 32-39.

第十一章

低成就學生評量工具之建構與試題分析

曾建銘

國家教育研究院測驗及評量研究中心副研究員

　　課程、教學與評量是密不可分的，其整個循環機制與商業的計畫
（Plan）、執行（Do）、查核（Check）、行動（Act）是相類似的，
而對於如何建立一有效的評量工具，來進行教學成效檢核與調整，就成
爲極重要的關鍵。以下將分成測驗的發展、測驗理論的介紹、測驗試題
及信效度分析、資料蒐集與分析等內容逐一介紹，並以實例說明，讓有
興趣的教師與研究者於編擬測驗工具時參考。

壹、前言

　　爲什麼要建構低成就學生評量工具，因爲教學研究者與現場教師
對於實施低成就學生的補救後，常苦於無一有效的評量工具來檢測其
成效。而研究的評量工具好比醫學上身體健康檢查的儀器，儀器要有
效，一定要能針對器官或部位選取適合的工具，教學上的評量工具也是
同樣的道理。教育的評量根據 Glaser（1962）所提出的教學模式，包含
教學目標、起點行爲、教學活動與教學評量等四大項，此四大活動是一
種環環相扣的循環模式，評量常被視爲過程中最後一個階段，但評量
並非表示教學歷程的結束；在整個教學模式中，評量更具有承接轉合、
提供回饋的積極功用。教學評量的主要目的在於分析教師教學成效及診
斷學生的學習困難，以作爲實施補救教學和個別輔導之依據。教學評
量的類型，就評量的時機和功能而言，可以分爲「安置性評量」、「診
斷性評量」、「形成性評量」和「總結性評量」；而就評量資料的解釋
方式而言，則可分爲「常模參照評量」和「標準參照評量」。一個有效
的評量工具於建立之初，就要先思考測驗評量的目的爲何？測驗所要蒐
集的資料形式爲何？以及最後分析結果要如何解釋與運用？甚至於牽涉
日後的比較，都要事先設想。如此所建構出的工具才能有效，達到評量
目的。

貳、測驗的發展

有關測驗發展的流程可以參考 Wilson（2004）的四個建構概念來逐步進行，以下簡要說明：

1. 建構圖（construct map）：從發展的觀點來思考要測什麼？即測驗的目的為何？建置評量架構、規範（specification）──確認雙向細目表中的縱軸（如內容向度）與橫軸（認知向度）如何定義？並且要思考學生學習的進展。

2. 試題設計（item design）：考慮教學與評量間的匹配，與思考題目類型，是要用選擇（choice items）或建構反應（constructed-response items），以及擬蒐集作答反應資料的型態，是否包括結果與過程等。

3. 結果空間（outcome space）：此為教師的計分管理，含計分規準（scoring rubrics）的訂定範例（exemplars）、評閱者的培訓和審核，以及擬用古典測驗理論或現代測驗理論的何種模式進行資料分析等。

4. 測量模式的驗證：高品質測量的證據，即建構圖──理論上期望的試題難度與實際上施測後分析結果之試題難度對應圖（wright map）間的匹配程度。上述兩者若有高的一致性，表示此測驗具建構效度。

根據以上的理論架構，要如何建構一個具信效度的低成就學生評量工具呢？很明顯地，測驗的目的為建構低成就學生評量工具，擬用此工具來了解低成就學生的學習成效，所以須包括前測與後測兩個工具，便於施測後進行結果的比較，為了要能篩選出低成就的學生，需要決定切截分數（cut score），低於切截分數者即需要進行補救。一般而言，補救教學是希望學生能學會基礎概念或技能而能進行下一單元的學習，因此在結果解釋方面應該比較傾向是標準參照的概念，所以此工具是屬於效標參照測驗，為了解這些低成就學生補救後的成效，前後測驗間要能比較，因此就要思考如何進行等化。前置作業釐清後，接下來就要考慮對象，若以國小五年級學生為例，測驗目的是要了解學生對於四

年級數學是否已達基本能力的要求，哪些學生是未達標準、屬於低成就的呢？則評量的範圍就要設定在四年級的學習內容。對於評量架構的設定，縱軸可以訂爲四年級的學習單元內容，橫軸的思考層次可以考慮參考類似學習成就評量的 TIMSS、NEAP 或 TASA，例如：以概念理解、程序執行、解題思考爲橫軸，緊接著要考慮評量架構邊緣比例，即單元內容與思考層次的比例。有了評量架構外，還要訂定試題的難易度比例等。

參、測驗理論的介紹

　　測驗理論發展至今只有一百多年的歷史，一般而言大致可分爲兩大派別：古典測驗理論（classical test theory，簡稱 CTT）是以整份測驗分數作爲主要思考；試題反應理論（item response theory，簡稱 IRT）是以單一試題分數爲主要依據的測驗理論（余民寧，2009）。以下分別簡述說明兩派理論。

一、古典測驗理論

　　古典測驗理論的發展比較早，其理論所採用的公式比較淺顯易懂，至目前仍是教學上使用較廣的測驗理論。古典測驗理論主要是建立在眞實分數模式（true score model）的數學基礎上，它的主要目的是估計學生在某個測驗觀察到（得到）分數（observed score）的信度（余民寧，2011），觀察分數（x）是由「眞實分數」（true score, t）和「誤差分數」（error score, e）相加而得到，以數學公式 $x = t + e$ 表示。其假設每位學生都具有某種潛在特質，該特質無法由單一測驗的觀察分數來表示，而是要以學生接受很多次測驗後所得的平均數來表示；而測驗所得的觀察分數與眞實分數的差異即爲誤差分數，它可能是正的、負的或零。

　　$x = t + e$ 是一種直線關係的數學模式，其模式的成立是植基於下面七個假設（余民寧，2011；Allen & Yen, 1979）：

1. $x = t + e$，表示觀察分數等於眞實分數與誤差分數之和。

2. $E(x) = t$，表示觀察分數的期望值等於眞實分數。

3. $\rho_{te} = 0$，表示眞實分數與誤差分數互爲獨立。

4. $\rho_{e_1 e_2} = 0$，表示不同測驗的誤差分數間互爲獨立。

5. $\rho_{e_1 t_2} = 0$，表示不同測驗的誤差分數與眞實分數間互爲獨立。

6. 假設有兩個測驗，它們的觀察分數分別爲 x 及 x'，並滿足上述 1 至 5 的假定，而且對每一群體考生而言，也滿足 $t = t'$ 和 $\sigma_e^2 = \sigma_{e'}^2$ 等條件，則這兩個測驗就稱作「複本測驗」（parallel tests）。

7. 假設有兩個測驗，它們的觀察分數分別爲 x 及 x'，並且滿足上述 1 至 5 的假定，而且對每一群體考生而言，亦滿足 $t_1 = t_2 + c_{12}$，其中 c_{12} 爲一常數，則這兩個測驗稱作「相當於複本測驗」（essentially τ-equivalent tests）。

雖然古典測驗理論所採用的公式簡單易懂、應用廣泛，但也有以下不足與缺失（余民寧，2011）：

1. 在試題分析時古典測驗理論所使用的難度、鑑別度和信度等指標都是樣本依賴（sample dependent），這些指標會因爲考生樣本不同而有所差異，即同一份試卷施測不同對象的學生，則所得到的難度、鑑別度或信度等指標可能不相同。

2. 古典測驗理論假設每個學生潛在特質估計值的測量誤差是相同的，但這會忽略了學生作答反應的個別差異，因爲對於具有高、低兩極端潛在特質的學生而言，這種假設的適當性會令人質疑。

3. 對於功能相同但非複本（nonparallel）的測驗所獲得的分數，古典測驗理論無法提供有意義的比較，只能對相同測驗的前、後測或複本測驗分數之間進行有意義的比較。

4. 古典測驗理論的信度是建立在複本（parallel forms）測量概念的假設上，但是這種假設很難存在於實際的測驗情境裡。以學校的施測爲例，不可能讓每個學生在接受多次相同的測驗，每次反應結果都能保持彼此獨立、不會互相影響；除此之外，學校的測驗通常不會在編製測

驗時就同時製作複本。

　　5. 古典測驗理論將測驗得分相同的學生，即視為具有相同的能力特質，但卻沒思考學生作答的試題反應組型（item response pattern）並不一定相同，其代表的意義應該也不會一樣，所以估算出來的能力值也應該會不同。

　　也因為古典測驗理論有以上不足與缺失，部分學者為了改善，進而發展出理論與方法均較嚴謹的試題反應理論。

二、試題反應理論

　　試題反應理論假設學生在每一道試題上的表現，與其潛在特質具有函數關係，可透過一條連續遞增的函數來表示，此即為試題特徵曲線（item characteristic curve，簡稱 ICC），其涵義為描述受試者答對某一題的機率：若學生的能力愈高，則正確答對的機率就愈高，反之則愈小。試題反應理論依計分方式的不同，主要分為二元化計分（dichotomous scoring）及多元化計分（polytomous scoring）兩大類；依函數中採用的參數多寡，可區分為單參數、雙參數及三參數等（余民寧，2009；Hambleton, & Swaminathan, 1985; Baker, 1985）：

1. 單參數模式：$P_{ij}(\theta_j) = \dfrac{1}{1+exp\left[-D(\theta - b_i)\right]}$

2. 雙參數模式：$P_i(\theta_j) = \dfrac{1}{(1+exp\left[-Da_i(\theta - b_i)\right])}$

3. 三參數模式：$P_{ij}(\theta_j) = c_i + (1-c_i)\dfrac{1}{(1+exp\left[-Da_i(\theta - b_i)\right])}$

　　其中，$D = 1.702$；i 為題目編號；j 為受試者編號；θ_j 為第 j 位受試者的能力值；a_i、b_i、c_i 分別為第 i 題的鑑別度參數、難度參數、猜測度參數；$P_{ij}(\theta_j)$ 為受試者答對該試題的機率，其圖形是一種 S 形曲線，值介於 0 和 1 之間。

　　相對於古典測驗理論，試題反應理論具有：(1) 能力估計不變性；(2) 題目參數估計不變性；以及 (3) 測量精準度較合理；(4) 應用層面較

廣等優點（Hambleton & Swaminathan, 1985）。

　　依上述所言，試題反應理論似乎優於古典測驗理論，但在教學上的實際應用，大多還是以古典測驗理論來做評量分析與解釋，歸究其原因是試題反應理論建立在艱澀難懂的數理統計學模式上，對一般大眾來說不易理解，而且公式計算複雜，常常需要借助測驗套裝軟體來進行分析。此外，試題反應理論有嚴格的基本假設，且資料的分析需要大樣本的配合，以樣本最少的單參數為例，樣本乘上題數要大於 10000 以上，所估得的試題參數與學生能力估計值誤差將較小，而一般教師較難蒐集到這麼多資料。

肆、試題分析

　　在測驗施測結束、蒐集資料完成後，接著就要進行測驗分析，以獲得試題參數與學生能力值等量化數據，作為試題品質判斷與教師改進教學與命題之參考依據。如何判定一份試題品質的好壞，一般可由質化分析（qualitative analysis）與量化分析（quantitative analysis）兩方面著手（余民寧，2011）：

　　1. 對試題內容進行質化分析：品質分析可透過教學目標來檢視雙向細目表建置的合理性，配合有效命題原則與試題的內容是否與評量架構相符等來審查，以確保試題優良及具有一定的內容效度。

　　2. 對試題進行量化分析：古典測驗的試題分析主要在分析難度（difficulty）指標、鑑別度（discrimination）指標、誘答力（distraction）與注意係數指標，但其缺點在於樣本的依賴性。現代測驗理論的試題分析也是分析難度指標、鑑別度指標；整份測驗的分析主要聚焦於信度、效度的分析，而古典測驗理論另可進行 S-P 表的分析，詳見余民寧（2011）。茲說明如下：

一、難度分析

難度是用來描述學生對於試題困難或容易答對的一種指標，古典測驗理論難度計算公式為「答對該題人數 ÷ 該題總作答人數」，其值介於 0-1 之間，愈接近 1 表示試題愈簡單、答對人數愈多；愈接近 0 表示答對人數愈少、試題愈困難（周文欽、歐滄和、許擇基、盧欽銘、金樹人、范德鑫，1995；郭生玉，2004；Ebel & Frisbie, 1991）。

二、鑑別度分析

鑑別度分析的目的是想確定試題是否具有區辨學生能力高、低的功能，若試題愈能區辨出高能力與低能力的學生，試題的鑑別度就愈高。鑑別度指標（discrimination index）依分析時所根據的標準，可分為內部一致性（internal consistency）分析法與外在效度（external validity）分析法兩種。

（一）內部一致性分析法

內部一致性分析法是了解試卷中的每一道試題和整個試卷測驗的功能是否相同，也就是分析各試題對於高能力的學生是否具較高的答對傾向，而低能力學生則傾向答錯。古典測驗理論鑑別度指標的計算是將全體受試者分成高分組（總得分前 27-33%）與低分組（總得分的後 27-33%），然後把高、低兩組受試者該題平均答對率相減，其值介於 –1 到 1 之間，愈高表示試題鑑別度愈好，愈低則表示鑑別度愈差（周文欽等，1995；郭生玉，2004；Ebel & Frisbie, 1991）。

（二）外在效度分析法

外在效度分析法是在了解學生對試題的作答反應與在效標上表現之間的關係，檢驗試題是否有達到預期的鑑別作用，目的在使試題反應與測驗外在效度變得最大，以增強效標關聯效度。其常用的分析方法有點二系列相關（point-biserial correlation）、二系列相關（biserial

correlation）及 φ 相關等（余民寧，2011）。此方法對於古典測驗理論與試題反應理論都適用。

在試題反應理論方面，試題的分析要看採用什麼模式，單參數模式只有難易度參數，雙參數模式中有難易度與鑑別度兩個參數，三參數模式包含難易度、鑑別度與猜測度等三個參數。難易度 b 與鑑別度值 a 都是介於 $+\infty$ 與 $-\infty$ 之間，一般而言，難易度 b 大部分介於 -3 到 3 之間，其值愈高難度愈難，鑑別度值 a 介於 0 到 2 之間為多，一樣值愈大鑑別度愈高，猜測度 c 則宜為 $0 \le c < \dfrac{1}{選項數}$（王寶墉，1995）。

三、選項誘答力分析

因為選擇題的選項有篩選的功能，對於學習狀況佳的高能力學生較可能選擇正確的選項，而對課程內容尚有迷思、一知半解的低成就學生則可能受到具迷思概念的錯誤選項所誘導，而能區辨高低能力學生的答對率。所以增加錯誤選項的誘答力可提高試題的鑑別度，並可了解受試者的學習狀況與幫助補救教學（Haladyna, 2004）。

伍、測驗信度與效度分析

信度（reliability）與效度（validity）是決定一份測驗優良與否的重要特徵，優良的測驗都具有較高的信度與效度。為了讓教師或研究者了解自編的學生低成就測驗是否具有優良教育測驗的特徵，而成為一份公正、客觀且優良的教學評量工具，分析測驗試題的信度與效度是必要的。以下分別就信度與效度做簡略說明（余民寧，2011）。

一、信度

古典測驗的信度指的是經由多次複本測驗測量得到結果間的一致性（consistency）、穩定性（stability）（Anastasi, 1982），或是測驗分

數中測量誤差所占比例的一種指標（Gulliksen, 1987）。所以若我們希望測驗信度高，就會希望分數中測量誤差所占的比例能降低。信度係數一般介於 0 到 1 之間，若數值愈接近 1 則表示信度愈高，若數值愈接近 0 則表示信度愈低。信度係數可能會受試題題數多寡、試題難易程度、評分方式、受試者能力分配或不同的信度估計方法等因素所影響。

信度估計的方法會因選用的估計方法不同，而有各種不同的測量誤差來源，以致產生不同大小的誤差估計值，但無論採用哪一種方法，若信度愈高皆表示誤差愈小，反之，若信度愈低則表示誤差愈大。一般的教學評量關心的是學生在測驗評量上表現的一致程度，即在了解個別試題的測驗功能是否和整份測驗的測驗功能相同，通常是計算試題的 Cronbach-α 信度指數。

一般來說，一份優良的教學測驗應至少具備 0.80 以上的信度值，測驗試題才具有使用的價值（Carmines & Zeller, 1979）。

二、效度

效度是指測驗目標與測驗結果的一致性程度，和估計信度一樣，估計效度的方法也有許多種，即使是同一份測驗也會因為使用目的不同，而有不同的效度評估方法。依據 1999 年由美國教育研究學會（American Education Research Association, AERA）、美國心理學會（American Psychological Association, APA）和美國國家教育測量委員會（National Council on Measurement in Education, NCME）等三個教育專業團體組成之聯席委員會的建議，效度可分為三種類型，分別是內容效度（content validity）、效標關聯效度（criterion-related validity）及建構效度（construct validity）。

內容效度的目的在了解學生的作答表現與測驗內容的代表性樣本間的關聯程度，是利用雙向細目表檢核測驗試題是否有效涵蓋教學目標和教材內容，與試題內容是否具代表性，來檢視測驗的內容效度。

效標關聯效度指測驗分數與一些外在效標間之相關係數，用來表示

測驗效度之高低。效標即測驗所欲測量或預測特質的獨立測驗分數，作為檢定效度的參照標準。若測驗分數和效標分數可以同時間取得，則計算所得之相關係數稱為同時效度（concurrent validity）；若效標分數是在測驗實施後一段時間內才可以取得，則計算所得之相關係數稱為預測效度（predictive validity），期望可以使用實際測驗分數來預測效標分數。

　　建構效度是實際測驗工具能測量到理論上某構念（construct）、概念或特質的程度，可以透過統計方法估算得到數值。建構效度有二類，一是收斂效度（convergent validity），是指評量相同理論概念（concept）下，不同評量項目所獲得成果之間相關的程度。例如：想要評量數學能力時，使用不同的評量方式或工具所獲得的分數，若它們評量分數的相關性很高時，才可以說評量具有收斂效度。另一為區辨效度（discriminant validity），是指不同理論概念所對應之評量項目所獲得成果之間相關的程度，相關程度愈低，代表其區辨效度愈高。除此之外，內容效度與效標關聯效度也可以說是建構效度的一部分（Trochim & Donnelly, 2006）。

　　綜上所述，低成就補救教學評量工具的編製，施測完須透過試題分析與測驗分析，質的方面是利用雙向細目表來檢核試題內容，而量化資料是分析測驗試題的統計特徵，以幫助教師或研究者了解試題品質，改善及提升命題技巧，並從中得知學生的學習困難與迷思概念，能針對這些問題調整教學方式、進行補救教學，進而協助學生學習。

三、等化

　　等化（equating）是將所有的試題參數與能力值建立在同一個量尺（scale）上，概念上能力值就像是一條數線的點，透過答對試題的多寡，估算出學生的能力值，因為能力值是在同一數線上，因此可以比較高低。傳統上對於教學效果的驗證是透過前、後測分數的比較，以統計檢驗來評估，用的通常都是古典理論，例如：參與補救教學的學生有

10 位，他們的前測（假設用學校段考的成績）平均爲 50 分，經過補救教學後這 10 位學生的平均提高到 60 分，經統計 t 檢定，若爲顯著，則宣稱此補救教學有效。一般人會質疑的是測驗工具的有效性爲何？後測工具是如何得到的呢？一般後測工具常是自編，如何證明其效度呢？有些後測則是用前測工具再施測一次，但此將無法證明學生是記憶或是眞的學會。最好的工具是採用平行測驗，即後測與前測工具有相同的評量架構、同樣的內容單元、認知層次與相同的比例，且試題的難易度都要相近，但要達到平行測驗的要求確實不易，特別是難易度要相近就更難，除非試題是來自於具有大量試題的題庫，否則試題的參數（如難易度）可能都是未知的。

上述是比較偏古典測驗的作法，如果是採用試題反應理論的等化理論（Kolen & Brennan, 2004），就可以解決平行測驗工具不易發展的問題。試題反應理論只要植基於相同的評量架構，前、後測工具中的試題有部分是來自於題庫已具參數的試題（我們稱爲定錨題），即可透過定錨試題參數的固定，而進行其餘試題與學生能力值的估計，獲得學生前、後測能力的估計值。因爲能力估計值是在同一量尺上，所以可以前、後測做比較；而新的試題經過參數估計，經過審視若是屬於優良題也可納入題庫中，作爲下次使用。補救後對於學生再次發生困難的地方也可透過 TESTER2 軟體來分析，此軟體可以針對試題的品質與學生的錯誤類型做分類，但僅限於選擇題。

陸、資料蒐集與分析

以下以國小四年級的補救爲例，首先要了解評量架構，而且考量有前、後測，因此前、後測要一併思考。表 11-1 是以一般教學活動及課程目標，以數、量、形爲評量架構的縱軸，即考試的內容範圍，此向度也可以用於教學單元；而概念理解、程序執行、解題思考爲橫軸，橫軸是參考 NEAP 與 TASA 所訂的認知能力向度。

　　若擬以一節課時間 30 題的選擇題進行施測，則評量架構各細格的分配也可以參照表 11-1，其縱軸比例的考量可以教學時數或重要性來考量，橫軸部分則可以按教學內容的認知比例來分配，分配的重點是邊緣細格一定要有，但中間細格的部分，則可以因屬性的有無來判斷，即也可允許沒有試題呈現。最後還要考慮難易度如表 11-2，因為是屬於補救教學，因此難的試題比例就較少，難、中、易的比例大約為 1：3：6，目的是希望學生對基礎、重要的概念能懂，所以精熟標準的切結點大概就設在約 60-70%。以上這些題數、比例設定的原則可根據測驗目的、單元內容與對象做調整。

表 11-1
題本評量架構表

內容 ＼ 認知	概念理解	程序執行	解題思考	小計
數	7	6	2	15
量	5	2	1	8
形	7	0	0	7
小計	19	8	3	30

表 11-2
前、後測題本難易度分布一覽表

內容 ＼ 認知	概念理解			程序執行			解題思考			題數
	難	中	易	難	中	易	難	中	易	
數	0	1	6	1	3	2	0	0	2	15
量	1	2	2	0	2	0	0	1	0	8
形	0	1	6	0	0	0	0	0	0	7
小計	1	4	14	1	5	2	0	1	2	30

考量到要了解補救教學成效，可以透過前、後測的比較並做統計檢定來確認補救教學成效。如果用傳統的古典測驗理論來思考，前、後測要進行比較，則有兩種作法：一是前、後測用同一試卷重複施測，優點是直接進行分數比較，但缺點是學生的成效是來自於教學，還是記憶，很難解釋。另一種是一開始針對前、後測就設計兩卷平行試卷，但實際上很難確認這兩卷的確平行。因此可以考慮用現代測驗理論等化的方法來解決，即於前、後測中加入幾題來自於已具試題參數的題庫且符合測驗目的的試題，這些試題的參數是來自於同一題庫，所以具有同一量尺的優點，分析時只要透過測驗分析程式將這些試題的參數設為已知，即定錨的概念，分析時將不再受到大樣本的侷限，且分析後估得的能力分數也是在同一量尺上，所以學生的前、後測雖然是考不同的試題，但卻是可以進行比較分析的。

實際的資料、程式與分析結果將敘述於後，除了前、後測教學成效的比較分析外，若要進一步了解試題品質與學生可能的錯誤與迷思概念，也可以透過 TESTER2 軟體以 CTT 來分析，相關程式與分析結果將於下面陳述。

在此說明一些細節與需要注意的地方，首先是透過測驗工具給學生施測而獲得測驗資料，測驗分析也是統計分析的延伸，俗語說 garbage in 則 garbage out，所以要獲得有效的資料，施測過程中學生的認真作答與否就至為關鍵，包括施測前的指導語、學生作答過程中狀況的監視與註記，以及試後無效資料的排除都與分析相關。對於過程中亂答的學生要進行註記，這些常是很快答完者，或者分析時發現全部答案都一樣或呈現規律如 12341234……等的考生資料，都要考慮是否刪除後再加以分析。接下來是資料的鍵入，以矩陣的方式呈現，包括學生代碼或其他擬進行分析的背景變項等。

根據上述，以下以實際的測驗資料來說明，此測驗共有 25 位學生，前測共 30 題的選擇題，其中 7 題是來自於其他題庫且具參數，部分資料呈現如下：

KEY1343313234222141214314414243332

　　121121211214221421124223322114

　　2131131123441131222131321332313

　　3234331323423424132234111312311

　　4131331343432224441212441341321

　　5142111321342223221234432341223

………

　　在這個資料中，第一列為 30 題的答案，第二列開始的前 3 碼（含空白）為學生代號，第 4 碼開始為學生的原始作答，在此要特別注意的地方是第二列的學生作答一定要與第一列的答案對齊，第 25 位學生的資料鍵入完後，記得要按 enter 後才儲存資料，副檔名可以存為 .DAT 或 .TXT 皆可，7 題定錨題的檔案為 108.PRM，試題參數資料如下：

```
 7
 3    0.62871    -1.48436    0.04684
 6    1.1376     -1.58119    0.17805
 7    0.69912    -1.28976    0.03605
 9    0.86785    -0.96632    0.13822
11    0.97527     0.23097    0.14086
16    0.7654     -0.82952    0.09748
19    0.76939    -0.37067    0.06351
```

　　第一行的 7 表示有 7 題的定錨題，分別是第 3、6、7、9、11、16、19，因為是用三參數模式來分析，以第 3 題而言，鑑別度 (a) 是 0.62871、難度 (b) = −1.48436、猜測度 (c) = 0.04684，以此類推，a、b、c 之間要有空白鍵隔開，第 19 題鍵完 c=0.06351 後記得要按 enter 後才儲存資料，且副檔名一定要存為 PRM，否則程式無法執行。

　　以 BILOG-MG（Zimowski, Muraki, Mislevy, & Bock, 2003）分析
軟體 3PL 模式來分析，程式如下，灰色括弧的地方是說明，執行程式
時記得刪除：

>GLOBAL DFName = 'S30.DAT'（學生作答檔案名稱），PRNAME='108.
PRM',（定錨題檔案名稱）

　　NPArm = 3,（用 3PL 模式，若用 2PL 改為 2，1PL 改為 1）

　　SAVe;

>SAVE PARm = 'S30.PAR',（程式執行完試題參數估計儲存的檔案名稱）

　　SCOre = 'S30.SCO';（程式執行完學生能力估計值儲存的檔案名稱）

>LENGTH NITems =（30）;（試題的總題數）

>INPUT NTOtal = 30,（試題的總題數）

　　NIDchar = 3,（學生代碼長度）

　　KFName = 'S30.DAT';（正確答案放的檔案名稱，放在學生作答檔案中的
第一列，所以名稱相同）

>ITEMS INAmes =（M01（1）M30）;（每一個試題的名稱，從 M01 開始，
一次加 1 到 M30）

>TEST1 TNAme = '108math',（試卷名稱）

　　INUmber =（1（1）30）,（從第 1 題開始，每次加 1 至 30）

　　FIX =（0（0）2,1（0）1,0（0）2,1（0）2,0（0）1,1（0）1,0（0）1,

　　1（0）1,0（0）4,1（0）1,0（0）2,1（0）1,0（0）11）;（0（0）2的意思是：
2 表示前 2 題，括弧前的 0 表示不是定錨題，即需要估計試題參數的試題；
接著括弧前的 1 表示是第 3 題是定錨題，即不需要估計試題參數的試題；最
後的 0（0）11，表示第 20 題開始後的 11 題需要估計）

　　（3A1,30A1）;（學生作答檔案 S30.DAT 的格式，前 3 碼為學生代碼，接
著 30 碼為學生作答資料，中間沒有空格）

>CALIB　NQPT=61, CYCLES=100, NEWTON=50, REFERENCE=1,

　　SPRIOR, TPRIOR, NOADJUST, FIXED;

>SCORE；

　　分析所得到的結果除了試題參數與學生能力估計值檔外，另外也會有與程式名稱相同但副檔名分別是 .PH1、.PH2、.PH3 等三個檔，.PH1 的內容是古典測驗理論的分析結果，.PH2 是試題參數分析的結果，.PH3 是學生能力值分析的結果。

　　若此 25 位學生的後測也是 30 題的選擇題，其中 8 題是來自於其他題庫（同前測）且具參數，透過類似前測的分析，所得到的學生能力值就可以進行統計比較分析了。除了 BILOG-MG 軟體外，也可利用 Conquest 或 R 軟體進行以上的分析，但資料格式與語法要做更改。

　　另擬進行古典理論的測驗與選項分析，可用 TESTER2（余民寧，2011）來進行分析，一樣以這 25 個學生的前測資料為例，一樣需要撰寫程式，TESTER2 的程式內容如下：

```
030 9 N 03 N
234321313421124112434344123423
444444444444444444444444444444
000000000000000000000000000000
   121121211214221421124223322114
   213113112344113122213132133231 3
   323433132342342413223411131231 1
   413133134343222444121244134132 1
   514211132134222322123443234122 3
   …
```

　　程式內容最主要是第一列 030 9 N 03 N，030 表示試題數，要注意的是這 3 碼表示百十個的數字，所以 30 題要寫成 030，不可寫成 30 後面空一格，這樣程式會以為是要執行 300 道題，空一格後 9 是空白題代

碼，N 表示未答題代碼，03 表示學生的代碼有 3 碼，最後的 N 代表沒有參照。第二列正確答案，第三列的 4 為選項數，即 30 題都是四選一的選擇題，第四列 30 個 0 表示測驗別，第五列開始即為學生的代碼與作答反應，前 3 碼是學生代號，後 30 個為學生作答反應，學生作答反應一定要用數字表示，不能用 ABCD，一樣學生作答反應輸入完，記得要按 enter 後才儲存程式，將副檔名命為 .TXT 即可。程式完成儲存後，點兩下 wtester 執行 TESTER2 程式，如下圖：

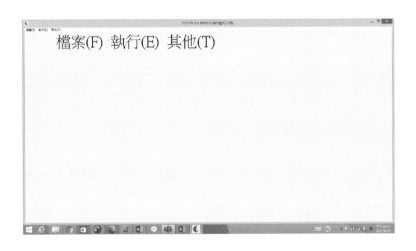

　　點選最上面一排第二個的「執行（E）」，選取已完成的程式，即可執行。

　　分析的結果包括下面幾個部分：首先是程式部分的確認；第二部分是學生問題表分析，項目包含編每一位學生的編號、得分、答對率、注意指標（學生注意係數）與判定類別，學生診斷分析的判定類別與學生類型分類說明請參閱余民寧（2011）。

　　第三部分是受試者與試題雙向表；第四部分是問題注意係數表，包括每一道題的題號、答對人數、答對率、刪題後信度、注意指標（試題注意係數）與判定類別，試題診斷分析的判定類別與學生類型分類說明請參閱民寧（2011）。

第五部分是整體測驗的統計資訊，包括總和、平均每人得分、最小值、最大值、全距、變異數、標準差、偏態、受試者總數、平均答對率、問題總數、內部一致性係數與差異係數；最後一部分是試題分析，其結果樣式如下：

```
-----------------------------------------------------
註：「*」代表正確選項
題號：1
-----------------------------------------------------
選項        1       2*      3       4       其他
-----------------------------------------------------
選項率     .09     .85     .04     .01     .00      通過率：85.000
-----------------------------------------------------
高分組     .03     .96     .01     .00     .00      難　度：0.8185
低分組     .18     .68     .07     .05     .01      鑑別度：0.2741
-----------------------------------------------------
```

上述可以用來作為試題修審判斷依據的參考，若試題選項具有良好的誘答功能，則每個錯誤選項至少要有一位低分組學生選答，此外選擇錯誤選項的受試者中，高分組人數應少於低分組（余民寧，2011；郭生玉，2004；Ebel & Frisbie, 1991）。

若錯誤選項沒有任何的學生選答，則表示該選項不具有誘答力，應於試題修訂時變更此選項；若錯誤選項高分組的選答率高於低分組的選答率，則表示該選項可能有內容敘述不清、誘導錯誤作答的狀況，或者高分組學生對該試題具有迷思概念，以致錯誤率較低分組來的高，因此在試題修改時要留意此選項，必要時進行修改或刪除。

柒、總結

　　要編製一份具信效度的好測驗確實不易，從測驗目的開始，所要思考的一切好比建築的藍圖，須有完善的規劃，包括對象、評量架構、考試內容、認知層次、蒐集的資料形式、分析模式選定、實際的試題編製與修審、施測分析軟體選用、分析結果的解釋與運用，最後資料模式的印證、確認工具的信度等都是環環相扣，中間過程只要有任何錯誤或疏失，都將降低測驗的信效度，嚴重的將導致測驗工具無效、不能使用。在本章中另外提出一個重要的概念，是如何運用已知的題庫中的試題，透過現代測驗理論的等化以達到小樣本前後測驗的比較，了解補救教學成效，並結合古典理論的選項分析，根據學生錯誤類型與分類，進行再次的補救或教學調整，確保測驗與試題的品質，最後可以達成測驗與研究的目的。

　　在診斷學生能力方面，測驗學界正在積極發展認知診斷模式（cognitive diagnosis model，簡稱 CDM），此模式旨在進行學生認知或技能屬性精熟與否的分析，幫助補救教學的因材施教分組，即教師可以針對學生的錯誤或迷思之處施予補救，其補救效果可能更好；但因CDM 需要更進一步的測驗理論與分析介紹，而且小樣本的分析結果誤差較大也不適合，有興趣的讀者可以參閱 de la Torre & Douglas（2004）及 de la Torre（2008, 2009a, 2009b, 2011），分析軟體可以參閱 Ma & de la Torre（2020）及 Robitzsch et al.（2021）。

捌、參考書目

中文書目

王寶墉（1995）。**現代測驗理論**。心理出版社。

余民寧（2011）。**教育測驗與評量：成就測驗與教學評量（第三版）**。心理出版社。

余民寧（2009）。**試題反應理論（IRT）及其應用**。心理出版社。

周文欽、歐滄和、許擇基、盧欽銘、金樹人、范德鑫（1995）。**心理與教育測驗**。心理出版社。

郭生玉（2004）。**教育測驗與評量**。精華書局。

英文書目

Allen, M. J., & Yen, W. M. (1979). *Introduction to measurement theory*. Brooks/Cole.

Anastasi, A. (1982). *Psychological testing*. Macmillan.

Baker, F. B. (1985). *The basics of item response theory*. Portsmouth, Heinemann.

Carmines, E. G., & Zeller, R. A. (1979). *Reliability and validity assessment* (Vol. 17). Sage.

de la Torre, J., & Douglas, J. (2004). Higher-order latent trait models for cognitive diagnosis. *Psychometrika, 69*(3), 333-353.

de la Torre, J. (2008). An empirically-based method of Q-matrix validation for the DINA model: Development and applications. *Journal of Educational Measurement, 45*, 343-362.

de la Torre, J. (2009a). A cognitive diagnosis model for cognitively based multiple-choice options. *Applied Psychological Measurement, 33*(3), 163-183.

de la Torre, J. (2009b). DINA model and parameter estimation: A didactic. *Journal of Educational and Behavioral Statistics, 34(*1), 115-130.

de la Torre, J. (2011). The generalized DINA model framework. *Psychometrika, 76*, 179-199.

Ebel, R. L., & Frisbie, D. A. (1991). *Essentials of educational measurement* (5th ed.). Prentice-Hall.

Glaser, R. (1962). Programed instruction: A behavioral view. *American Behavioral Scientist, 6*(3), 46-51. https://doi.org/10.1177/000276426200600313

Gulliksen, H. (1987). *Theory of mental tests*. New York: John Wiley & Sons.

Haladyna, T. M. (2004). *Developing and validating multiple-choice test items*. Lawrence Erlbaum Associates.

Hambleton, R. K., & Swaminathan, H. (1985). *Item response theory: Principles and applications*. Kluwer-Nijhoff.

Kolen, M. J., & Brennan, R. L. (2004). *Test equating, scaling, and linking: Methods and practices* (2nd ed.). Springer-Verlag.

Ma, W., & de la Torre, J. (2020). GDINA: An r package for cognitive diagnosis modeling. *Journal of Statistical Software, 93*(14), 1-26. http://dx.doi.org/10.18637/jss.v093.i14

Robitzsch, A., Kiefer, T., Cathrice, G. A., & Uenlue, A. (2021, July 2). *Cognitive diagnosis modeling.* Retrieve from https://cran.r-project.org/web/packages/CDM/CDM.pdf

Trochim, W. M., &, Donnelly, J. P. (2006). *The research methods knowledge base* (3rd ed.). Atomic Dog.

Wilson, M. (2004). *Constructing measures: An item response modeling approach* (1st ed.). Routledge. https://doi.org/10.4324/9781410611697

Zimowski, M. F., Muraki, E., Mislevy, R. J., & Bock, R. D. (2003). *BILOG-MG: Multiple-group IRT analysis and test maintenance for binary items.* Scientific Software International Inc..

國家圖書館出版品預行編目資料

低成就學生的教與學：數學課室中的理念與實
踐／呂文惠, 龔心怡, 李靜儀, 林素微, 吳
慧敏, 林原宏, 羅廷瑛, 謝佳叡, 陳嘉皇,
白雲霞, 袁媛, 曾建銘著 ; 袁媛, 林素微
主編.. 一一初版.一一臺北市：五南圖書出
版股份有限公司, 2022.05
　　面；　公分
ISBN 978-626-317-761-1 (平裝)

1.CST: 數學教育　　2.CST: 教學研究
3.CST: 教學設計　　4.CST: 文集

521.407　　　　　　　　　111004724

1I5G

低成就學生的教與學
數學課室中的理念與實踐

主　　編 ― 袁　媛、林素微

作　　者 ― 呂文惠、龔心怡、李靜儀、林素微、吳慧敏

　　　　　　林原宏、羅廷瑛、謝佳叡、陳嘉皇、白雲霞

　　　　　　袁　媛、曾建銘

發 行 人 ― 楊榮川

總 經 理 ― 楊士清

總 編 輯 ― 楊秀麗

副總編輯 ― 黃文瓊

責任編輯 ― 黃淑真、李敏華

封面設計 ― 姚孝慈

出 版 者 ― 五南圖書出版股份有限公司

地　　址：106台北市大安區和平東路二段339號4樓

電　　話：(02)2705-5066　　傳　　真：(02)2706-6100

網　　址：https://www.wunan.com.tw

電子郵件：wunan@wunan.com.tw

劃撥帳號：01068953

戶　　名：五南圖書出版股份有限公司

法律顧問　林勝安律師事務所　林勝安律師

出版日期　2022年5月初版一刷

定　　價　新臺幣350元

經典永恆・名著常在

五十週年的獻禮 —— 經典名著文庫

五南，五十年了，半個世紀，人生旅程的一大半，走過來了。

思索著，邁向百年的未來歷程，能為知識界、文化學術界作些什麼？

在速食文化的生態下，有什麼值得讓人雋永品味的？

歷代經典・當今名著，經過時間的洗禮，千錘百鍊，流傳至今，光芒耀人；

不僅使我們能領悟前人的智慧，同時也增深加廣我們思考的深度與視野。

我們決心投入巨資，有計畫的系統梳選，成立「經典名著文庫」，

希望收入古今中外思想性的、充滿睿智與獨見的經典、名著。

這是一項理想性的、永續性的巨大出版工程。

不在意讀者的眾寡，只考慮它的學術價值，力求完整展現先哲思想的軌跡；

為知識界開啟一片智慧之窗，營造一座百花綻放的世界文明公園，

任君遨遊、取菁吸蜜、嘉惠學子！